Franz von Holtzendorff

Sammlung gemeinverständlicher wissenschaftlicher Vorträge

Franz von Holtzendorff

Sammlung gemeinverständlicher wissenschaftlicher Vorträge

ISBN/EAN: 9783743653375

Hergestellt in Europa, USA, Kanada, Australien, Japan

Cover: Foto ©Paul-Georg Meister /pixelio.de

Weitere Bücher finden Sie auf www.hansebooks.com

während eines Tages im leeren Raum am Meeres=Ufer ein Pendel von dieser Länge bei der Temperatur des schmelzenden Eises machen würde, um jene natürliche Maß=Einheit für die Folge zu erhalten.

Dieses Gutachten wurde am 30. März 1791 von der National=Versammlung genehmigt und man schritt alsbald zur Ausführung der Operationen. Cassini und Borda begannen im Juni 1792 die Messungen der Pendelschwingungen in Paris. Aber Méchain und Delambre, denen die Leitung der beiden großen Abtheilungen der geodätischen Operationen oblag, hatten mit unglaublichen aus der Revolution entspringenden Schwierigkeiten zu kämpfen, und wurden, namentlich Delambre, mitten in ihrer unvollendeten Arbeit durch die 1792 erfolgte Auflösung der Academie unterbrochen. Zwar wurden die Operationen noch in demselben Jahre durch eine neu ernannte und verstärkte Commission wieder aufgenommen, doch vergingen bis zu ihrer Beendigung noch mehrere Jahre. Inzwischen wünschte der Wohlfahrts=Ausschuß das neue Maß baldigst einzuführen; und es wurde daher am 7. April 1795 ein neues Maß provisorisch gesetzlich festgestellt, welches sich auf die früheren Gradmessungen stützte, indem man voraussetzte, daß die neuen Arbeiten keine große Veränderungen bewirken würden. Am 23. April 1799 endlich gab die Commission ihren Bericht ab und durch Beschluß vom 10. December desselben Jahres wurde das neue Maß als wahres und endgültiges Meter zu 443,296 Linien der Toise von Peru angenommen. Und mit dieser Bestimmung fällt nach Dove's richtiger Bemerkung die ursprüngliche Definition des Meters als zehnmillionsten Theils des Erdquadranten weg, und dasselbe hat damit aufgehört die ursprünglich erstrebte Eigenschaft zu besitzen, ein Naturmaß zu sein. Denn es werden damit die nachkommenden Geschlechter, wenn sie das etwa verloren gegangene Maß wieder herstellen wollen, nicht auf eine wiederholte Messung des Erdquadranten verwiesen, die ja selbst, wenn inzwischen die Dimensionen des Erdkörpers keine Veränderung sollten erlitten haben, nicht absolut dasselbe Maß wieder liefern würden, wegen der in jedem einzelnen Falle so gut wie nothwendig jedesmal anders ausfallenden unvermeidlichen zufälligen Beobachtungsfehler, sondern vielmehr auf die Toise von Peru, deren dauernde Erhaltung allein in dieser Beziehung die nöthige Bürgschaft gewähren kann und für welche in der That auch seit 1735 unablässig Sorge getragen worden ist.

Uebrigens ist es, um mit Thomas Young's Worten zu reden, von geringerem Belang, aus welcher Quelle die Original-Einheit abgeleitet ist, als daß man stets sicher und leicht zu derselben zurückkehren könne. Es ist gleichgültig, ob das Urmaß durch Beziehung auf den Erdumfang oder durch die Fußeslänge eines menschlichen Individuums normirt ist; die Leichtigkeit oder Schwierigkeit andere Maße damit zu vergleichen, bleibt dieselbe. Man gesteht zu, daß das Pendel die leichteste Methode gewährt, das Urmaß wieder zu finden, wenn es verloren gegangen sein sollte. Und wenn es nöthig war eine durchaus neue Einheit herzustellen, so wäre es vielleicht richtiger gewesen, eine solche festzustellen, die von jeder weitern Untersuchung unabhängig wäre, als eine idealere Vollendung dadurch zu erstreben, daß man sie von einem großartigen Originale ableite. Dabei ist noch ganz abgesehen von der Unsicherheit, welche aus der Ellipticität der Erde entspringt so wie aus der in mehr als einer Rücksicht wahrscheinlichen Unregelmäßigkeit ihrer Form. Denn man hat ja alle Ursache anzunehmen, daß die wirkliche Figur der Erde sich zu einer regelmäßigen etwa verhält, wie die unebene Oberfläche eines bewegten Wassers zu der ebenen eines ruhigen, sowie auch daß, die einzelnen Ungleichheiten geringe, vielleicht einige Meilen nicht überschreitende Ausdehnungen besitzen; woraus dann hervorgeht, daß eine Grabmessung nicht mehr bestimmen kann, als die Krümmung an einer Stelle eines Körpers, welcher keine regelmäßige Figur hat, daß also, so viele man deren auch besitzen mag, nicht mehr daraus gefolgert werden kann, als die Bestimmung desjenigen Sphäroides, welches allen zusammen möglichst nahe, sicher aber nicht an jeder Stelle der Erde entspricht.

Und nunmehr wollen wir zum Schluß noch eine allgemeine philosophische oder vielmehr mathematische Betrachtung über die Aufgabe des Messens anstellen. Wie anfangs bemerkt, ist der dabei verfolgte Zweck die Ermittlung des Verhältnisses und zwar des erschöpfenden Verhältnisses zweier gleichartiger Größen. Gesetzt auch die Feststellung sowohl der Einheit als der damit zu messenden Größe sei eine vollkommen genaue, so liegt doch die vollständige Erledigung jener Aufgabe außerhalb der Macht des menschlichen oder überhaupt jedes endlichen Geistes.

Nehmen wir an, es soll das Verhältniß zweier beliebiger Längen a und b bestimmt werden, d. h. es soll die Zahl ermittelt werden, welche angiebt, wie oft wohl die kleinere, etwa b, in der größeren a enthalten ist. Das Verfahren, welches die Geometrie zu diesem Ende lehrt, besteht darin, daß man die kürzere auf der längern, so oft es angeht, abträgt. Es ist nun zwar möglich, daß bei der letzten Abtragung der Endpunkt von b mit dem von a zusammenfällt und dann wäre allerdings das Verhältniß durch eine Zahl ausdrückbar; aber die Wahrscheinlichkeit, daß ein solches Zusammentreffen eintreten wird, ist äußerst gering, ja ist geradezu Null. Denn auf der Strecke a sind unendlich viel Punkte, wogegen aber die Anzahl der Punkte, in welche bei der Messung der Endpunkt von b fällt, eine endliche

ist; die Wahrscheinlichkeit daß ein beliebig auf a gewählter
Punkt mit einem dieser endlichen Zahl zusammenfalle, ist also
ein Bruch, dessen Zähler eine begränzte, dessen Nenner aber eine
unendlich große Zahl ist. Derselbe hat mithin keinen angebbaren
Werth, er ist kleiner als jeder angebbare Bruch, also gleich Null.
Dies gilt für jeden beliebigen Punkt von a, also auch für den End=
punkt. Es wird mithin b in a nicht aufgehen, sondern ein Rest
bleiben, den wir c nennen. Nun lehrt die Geometrie weiter, man
solle den Rest c auf b abtragen und wenn dann c etwa in b auf=
ginge, so würde es leicht sein, das Verhältniß von b zu c und
sodann auch das von a zu b in Zahlen anzugeben. Es ist aber
wohl klar, daß die Wahrscheinlichkeit eines Aufgehens von c in
b nicht größer ist, als die des Aufgehens von b in a; denn
wenn auch die beiden Längen b und c, um welche es sich jetzt
handelt, kleiner sind als beziehungsweise a und b, so hängt doch
von diesem Umstande die Beschaffenheit ihres Verhältnisses nicht
ab, denn man kann sich beide gleich viel mal vergrößert denken,
ohne daß dies einen Einfluß auf ihr Verhältniß hat. Die Wahr=
scheinlichkeit eines Aufgehens von c in b ist also eben so wohl
Null, wie die für b und a, und da sich dieses ersichtlich ohne
Ende fortsetzt, so ergiebt sich daß die Aufgabe, das Verhältniß
zweier Längen oder auch sonst zweier gleichartigen Größen, er=
schöpfend durch Zahlen darzustellen im Allgemeinen unlösbar ist.
Allerdings wird man bei dem allmählichen Abtragen der Längen
aufeinander alsbald an die Gränze der sinnlichen Wahrnehmung
gelangen und aus diesem Grunde die Sache practisch nicht mehr
fortsetzen können, sondern irgendwo abzubrechen genöthigt sein;
aber dadurch wird die Wahrheit obiger Behauptung offenbar
nicht in Frage gestellt. Demnach wird man mit ungemein über=
wiegender Zuversicht, ja in mathematischem Sinne gradezu mit
Gewißheit annehmen dürfen, daß zwei wirklich vorkommende

Längen (und nicht minder jede zwei andern gleichartigen Größen) in Wahrheit in einem durch Zahlen niemals erschöpfend abzugebenden, in einem sogenannten incommensurabelen Verhältnisse zu einander stehen werden, daß daher bei practischen Messungen die Incommensurabilität die Regel, die Commensurabilität aber eine Ausnahme ist, welche effectiv nur in der Idee, in der Theorie, in der Praxis aber so gut wie niemals vorkommt. Und selbst wenn die zu vergleichenden Größen vorher absichtlich so abgepaßt wären, daß sie in einem commensurabelen Verhältnisse stehen sollten, so würde auch dieses an der Sache nichts ändern, denn ja auch dies ist wegen der Unvollkommenheit der menschlichen Sinne und Werkzeuge unausführbar.

Hieraus geht hervor, daß eine Messung niemals absolut genau sein kann, sondern immer nur angenähert bis zu einer gewissen Gränze, die entweder ausdrücklich dabei genannt oder stillschweigend als bekannt und als zulässig anerkannt sein muß. Insbesondere bei wissenschaftlichen Messungen muß die Größe des wahrscheinlichen Fehlers, etwa in der Form angegeben werden, daß festgestellt wird, wie groß die Wahrscheinlichkeit sei, daß bei der vorliegenden Messung ein Fehler von bestimmter Größe nicht überschritten worden ist. Am Einfachsten kann dies etwa dadurch geschehen, daß man die betreffende Zahl auf so viel Decimal-Ziffern angiebt, daß die letzte Ziffer höchstens einen wahrscheinlichen Fehler enthält, welcher die Hälfte ihrer Einheit nicht überschreitet. Diese oder eine auf ähnlichen Principien beruhende Vorsicht sollte wenigstens bei wissenschaftlichen Messungen stets beobachtet werden. Leider geschieht dies keineswegs immer; es wird vielmehr in dieser Beziehung häufig ein Luxus getrieben, der wohl Laien blenden, aber den exacten Forscher nur mehr beunruhigen als befriedigen kann.

(776)

Druck von Gebr. Unger (Th. Grimm), Berlin, Schönebergerstraße 17a.

Die Beherrscher der Gläubigen.

Von

Prof. Dr. A. Müller.

CH

Berlin SW., 1882.

Verlag von Carl Habel.
(C. F. Lüderitz'sche Verlagsbuchhandlung.)
33. Wilhelm-Straße 33.

Als im Jahre 1670 der Herr von Nointel als Gesandter Sr. Allerchristlichsten Majestät Ludwigs XIV. an die Hohe Pforte nach Konstantinopel geschickt wurde, befand sich in seinem Gefolge ein junger Mann, Namens Antoine Galland, der gerade die orientalischen Studien, wie man sie eben damals in Paris treiben konnte, beendigt hatte, und den es nun drängte, dem bisher nur aus den Büchern stückweise angeschauten Orient einmal ganz und voll ins Angesicht zu blicken. Reich war die Ausbeute, die er von seiner noch zweimal wiederholten Reise zurückbrachte; am meisten aber hatte ihn die bis dahin im Abendlande unbekannte Märchenlitteratur angezogen, die seit alten Zeiten auf jeder Gasse, wie noch jetzt in jedem Café des Orients von gewerbsmäßigen Erzählern vorgetragen wird. Der Gedanke lag dem des Türkischen und Arabischen nicht Unkundigen nahe, die merkwürdigen Fremdlinge in die abendländische Gesellschaft einzuführen: so bereitete er ein Werk vor, welches die beliebteste der zahlreichen Märchensammlungen in französisches Gewand kleiden sollte, und im Jahre 1704 erschien der erste, 1717, schon nach des Uebersetzers Tode, der zwölfte und letzte Band der Märchen der Tausend und Einen Nacht.

Es ist bekannt, welchen ungeahnten Erfolg diese Uebersetzung hatte, die nicht sehr genau, aber mit französischer Lebhaftigkeit und Grazie abgefaßt ist; unzählige neue Ausgaben und

Uebersetzungen in andere Sprachen haben alsbald das phantastische Buch zu einem der gelesensten der Welt gemacht, und fast alle neueren Litteraturen wimmeln von mehr oder weniger glücklichen Nachahmungen, insbesondere aber auch von allerhand einzelnen Motiven und Gestalten, welche aus dieser bunten Arche Noä entnommen worden sind, um in die etwas eintönig gewordene europäische Romanfigurengesellschaft eine kleine Abwechslung zu bringen. Die meisten dieser hinter- und vorderindischen, arabischen und persischen Sultane und Prinzen nebst ihren unglaublich schönen Gemalinnen und unglaublich weisen Wesiren, liebenswürdigen Sklaven und häßlichen Zwergen, unter denen allerhand Zauberer und Feen ihr spukhaftes Wesen treiben, sind nun freilich inzwischen mit Vater Wieland zusammen wieder schlafen gegangen; aber einer ist geblieben und hat begründete Aussicht unsterblich zu werden — das ist der Chalife von Bagdad, der Beherrscher der Gläubigen. Wie es aber populären Persönlichkeiten häufig oder immer ergeht — jeder Mensch kennt sie und keiner weiß doch recht, was wirklich an ihnen ist — so ist auch die Vorstellung, die wir uns von einem Chalifen machen, aus etwas undeutlichen und ungleichartigen Bestandtheilen zusammengesetzt. Wir wissen freilich alle, daß ein Chalife ein großes Schloß, viele Sklaven, noch mehr Sklavinnen und unermeßlich viel Geld hat, daß er eine liebenswürdige Neigung besitzt, gute Menschen (oder solche die gerade Glück haben) mit einigen dieser Schätze zu begaben, anderen aber die Bastonnade geben oder den Kopf abschlagen zu lassen; daß er ferner in seinen Freistunden gern Geschichten hört und noch lieber spazieren geht, besonders bei Nacht, ab und zu sich auch in einen Storch verwandeln oder in Musik setzen läßt; Klio aber, die seit den Zeiten des liebenswürdigsten aller Erzähler, des Herodot, alt geworden ist und eine scharfe Brille trägt, schüttelt zu alle dem doch bedenklich den Kopf: ihr zu Gefalle möge der Versuch gemacht werden, der allbekannten und allbeliebten Dichtung die Wahrheit gegenüberzustellen, auf die Gefahr hin, daß diese, wie gewöhnlich, matt und unansehnlich, wo nicht gar häßlich und abschreckend erscheint.¹)

Es war am 8. Juni des Jahres 632 n. Chr., in Medina. Das Unglaubliche, Unmögliche war geschehen, Muhammed, der Gesandte Gottes auf Erden, welcher seinem Volke, den Arabern, die neue Wahrheit gebracht, die religiös gestimmten mit innigem Glauben erfüllt, die bei weitem zahlreichere Masse der Gleichgiltigen durch die Aussicht auf Beute und Macht an seine Fahnen gefesselt hatte, war todt. Schneller, als er es selbst geglaubt, hatte ihn das Fieber dahingerafft, bevor er daran gedacht hatte, sein Haus zu bestellen, ein Haus, welches sich bereits zu einem großen Volke erweitert hatte und bald die halbe Welt umfassen sollte. Zum Theil begeistert, meist gezwungen, hatten die hunderte von Stämmen und Stämmchen des partikularistischsten aller Völker sich zu einem Ganzen verbinden lassen; jetzt löste die Hand des Todes das Band, und das Pfeilbündel, an dem sich später der Reihe nach alle Völker der bekannten Welt umsonst versuchen mußten, drohte zu einem Haufen zerbrechlicher Stäbe auseinanderzufallen. Eine bestimmte Herrschaftsfolge kannten die Araber nicht; war der Führer, der Scheich des Stammes verschieden, so vereinbarte man sich in freier Wahl über den Nachfolger, welcher der älteste unter den angesehenern Männern häufig war, aber nicht sein mußte. Hier nun war nicht das Oberhaupt eines, sondern der Führer sämmtlicher Stämme hinweggenommen, jeder von den in Medina vertretenen, die sich alle gleich edel dünkten, erhob den Anspruch, aus seiner Mitte den Nachfolger zu stellen. Es war die mit Ruhe und Ueberredungskraft gepaarte Energie des greisen Abu Bekr, des überlebenden Schwiegervaters und ältesten Freundes Muhammeds, welche den verderblichen Zwist unterdrückte und damit den Untergang der neuen Religion und des neuen Reiches verhinderte. Nicht aus einem beliebigen Stamme, aus der nächsten Umgebung des Propheten ziemte es sich, den Nachfolger zu wählen, und als die beiden, welche der Redner als die würdigsten der Versammlung zur Auswahl verführte, in rascher, einmüthiger Verzichtleistung ihm selbst als dem ältesten und verehrtesten aus der Familie des Propheten die übliche Huldigung durch Handschlag darbrachten, andere aus Eifersucht gegen den anfänglich in den Vordergrund getretenen Stamm sich anschlossen, mußten bald auch die Abgeneigten sich der Mehrzahl fügen, und Abu Bekr konnte den Titel eines Chalifen, d. h. eines Stellvertreters (nämlich des Propheten) und Beherrschers der Gläubigen unter allgemeiner Beistimmung annehmen.

Es war eine schicksalsvolle Fügung, welche durch die Energie eines Mannes und einen gleichzeitigen, glücklichen Zufall die Weltgeschichte in neue Bahnen lenkte. Abu Bekr (reg. 632 bis 634) hatte gerade das, ohne welches die schwere Krisis nicht zu überwinden war, jenen Glauben, der Berge versetzt, nicht die der leblosen Natur, sondern, was mehr ist, die der noch ungebrochenen, Jahrhunderte alten Gewohnheiten und Vorurtheile eines ganzen Volkes. Während auf die Nachricht vom Tode des Propheten dreiviertel der größtentheils durch Gewalt und glückliche Anwendung des divide et impera unterworfenen arabischen Stämme sich erhoben und mit reißender Schnelle die Flamme des Aufruhrs die große Halbinsel durchzuckte, entsandte der Chalife das einzige verfügbare Heer zu einem Kriegszuge nach Syrien, weil der Prophet Gottes diesen Abmarsch kurz vor seinem Tode befohlen hatte. Sein Glaube und seine Charakterstärke begeisterten von neuem die Schaaren der entmuthigten Gläubigen, brachten Erstaunen und Furcht in die Haufen der feindlichen Araber; inzwischen trafen einige treu gebliebene Stämme zum Entsatze in Medina ein, und nun wiederholte sich das schon einmal bei Lebzeiten des Propheten von den Thoren angestaunte, für die Verständigen ganz natürliche Wunder, daß die kleine, aber wohldisciplinirte und begeisterte Schaar der Gläubigen die zehnfach überlegenen, aber in sich uneinigen, hier- und dorthin verzettelten Kräfte der Aufständischen der Reihe nach rasch und gründlich vernichteten. Arabien strömte von Blut, denn Schonung war selbst für den an sich menschenfreundlichen Abu Bekr unmöglich, während sie seinem genialen, aber barbarischen Feldherrn Chálid, dem nachherigen Eroberer Persiens, gar nicht in den Sinn kommen konnte. Hinfort dachte Niemand in Arabien mehr daran, gegen die Autorität des Chalifen sich aufzulehnen, und dieser seinerseits ergriff das sicherste Mittel neuen Empörungen vorzubeugen, indem er die wilden Kräfte nach außen entfesselte.

Zwei Großmächte grenzten an die arabische Wüste: Persien und das oströmische Reich. Großmächte aber waren beide längst nur noch dem Namen nach; in unablässigen Kriegen gegen einander hatten sie den größten Theil ihrer Kraft erschöpft, und innere Zuchtlosigkeit lähmte das wenige, was noch davon vorhanden war. So wurde im ersten Anlauf unter Abu Bekr's Nachfolger Omar (634—644) Ostrom seiner besten asiatischen Provinzen und Aegyptens beraubt, so sank das Sassanidenreich in Trümmer, und schon der zweite Chalife herrschte vom afrikanischen Tripolis bis an den Oxus — ein Eroberungszug, wie er seit Alexander nicht gesehen worden war.

Aber auch nach einer anderen Seite hin war die Wahl Abu Bekr's schicksalsvoll. Sie war der Präcedenzfall für jeden späteren Thronwechsel, und das Reich damit allen Gefahren eines Wahlkönigthums umsomehr ausgesetzt, als gar kein bestimmter Kreis von Wählern gesetzlich umschrieben war, und somit nicht nur das Schwert eines siegreichen Feldherrn sehr leicht die ruhigen Beschlüsse aller übrigen Notabeln überwiegen konnte, sondern jeder Art von Intriguen der ungemessenste Spielraum geboten wurde. Bei der nächsten Wahl ging es noch einmüthig zu: Omar empfing auf Betrieb Abu Bekr's selbst noch bei dessen Lebzeiten die Huldigung, die ihm als Schwiegervater des Propheten, mehr noch als dem kräftigsten Herrschertalente der Familie gebührte. Hatte Abu Bekr's Festigkeit den Islam gerettet, so wurde Omar der eigentliche Gründer seiner Größe. Er wählte sicheren Blickes die ersten hervorragenden Feldherrn des Reichs und entsandte sie auf die Schauplätze ihrer Thaten; aber auch der riesigen Aufgabe, die arabische Herrschaft in den fast unermeßlichen Gebieten Persiens, Mesopotamiens, Syriens, Aegyptens zu organisiren, war er gewachsen. Diese Organisation hat denn auch das Reich der Chalifen Jahrhunderte überdauert, ihre letzten Reste sind die Pfeiler, welche heute allein noch den morschen Bau des türkischen Reiches stützen.

Das Reich der Stellvertreter des Propheten mußte seiner ganzen Entstehung nach die weltliche und geistliche Macht in einer Hand zusammenfassen. Im Namen des neuen Glaubens wurden die Völker unterworfen, im Interesse desselben mußten sie beherrscht werden. Der Gedanke Omar's, welcher diesem Gesichtspunkte diente, ist von großartiger Einfachheit. Um auch ferner ein brauchbares Werkzeug der arabisch-muhammedanischen Herrschaft zu sein, mußte das Volk der Araber vor der Vermischung mit den unterworfenen Völkern bewahrt und in sich eine Einheit bleiben. Dies war nur im Verband der Armee möglich. So wurde denn den Gläubigen jeder Grundbesitz in den eroberten Ländern verboten; die Ackergründe wurden entweder Staatsdomänen, oder man ließ sie gegen Zahlung einer Grund- und Kopfsteuer den früheren Eigenthümern, die Armee aber wurde aus den hierdurch zusammenfließenden ungeheuren Einkünften reichlich besoldet. Im einzelnen ließ sich das militärisch-socialistische System nicht auf die Dauer durchführen; aber die kurze Zeit, wo es in voller Strenge bestand, genügte, die Unterwerfung der halben Welt zu vollenden und die Herrschaft in voller Straffheit überall zu organisiren. — Sie verfiel um so schneller, je mehr man von jenen Grundsätzen im Laufe der Zeit preis gab.

Als Omar am 3. November 644 unter dem Dolche eines persischen Christen fiel, welcher die Mißhandlung seines Volkes an ihm rächen wollte, ging die Herrschaft, diesmal schon nicht ohne allerhand Schwierigkeiten und Reibungen, auf den ältesten der Schwiegersöhne Muhammed's, Othmán (Osman) über (reg. 644–656). Er war aus einer der vornehmen mekkanischen Familien, welche dem Muhammed im Anfang mehr noch weil er ein Plebejer, als weil er der Verkünder einer neuen Religion war, aufs äußerste widerstrebt hatten, und sein eigener Glaube mag bei seiner Bekehrung mehr der Schönheit von Muhammed's Tochter als der Wahrheit seiner Lehre gegolten haben: ein weichlicher Mann und schwacher Charakter, dazu hochbejahrt, war er weder der Zeit noch seiner Aufgabe gewachsen. Das Einzige, was er positiv leistete, war, daß er die alten Genossen des Muhammed, die Hauptstützen und Helden des Islam, zu Gunsten seiner Verwandten aus der Familie Omaija zurücksetzte und diesen in ihren Statthalterposten alle möglichen ungesetzlichen Bereicherungen nachsah. Der allgemeine Unwille führte im Jahre 655 zu einer Verschwörung, welcher die angesehensten der alten Gefährten Muhammeds mindestens unthätig zusahen; sie glaubten vermuthlich die Abdankung des 82 jährigen Chalifen erreichen zu können, aber der blinde Eifer einiger Fanatiker führte zu greulicher Ermordung des greisen Herrschers. Alle Schuld rächt sich auf Erden. Nur unter vielfachem Widerspruch erlangte Ali, Vetter und ebenfalls Schwiegersohn des Propheten, die Huldigung (reg. 656—661). Er war ein tapferer Haudegen, dabei nicht unbegabt; unter seinem Namen gehen noch heute allerhand Sprichwörter und geistreiche Redensarten im Orient. Ruhige Ueberlegung fehlte ihm: aber auch die hätte ihm kaum zur Besiegung der unüberwindlichen Schwierigkeiten helfen können, welche sofort von allen Seiten auf ihn eindrangen. Ein mehrjähriger Bürgerkrieg in Arabien, Aufstände in den übrigen Provinzen brachten das Reich der Auflösung nahe. Mit Erfolg versuchten es Ali's Gegner, vor allen die noch lebende Gattin des Propheten, Aïscha, eines der intrigantesten Weiber, die es je gegeben hat, und mit Ali seit langen Jahren verfeindet, ihn der Mitwissenschaft und Theilnahme am Morde Othmán's zu beschuldigen. Daß er der wachsenden Unzufriedenheit unthätig zugesehen, wußte man: so fand auch die unbegründete Anklage Glauben, und der gefährlichste seiner Gegner, Moáwija, Statthalter von Syrien und Verwandter Othmán's, der geradezu als Rächer des ermordeten Chalifen auftrat, verdankte diesem nichts weniger als ehrlichen Vorgeben zum großen Theil seinen Erfolg. Zu allem übrigen kam hinzu, daß die mehr demokratisch gesinnten unter den wirklichen ehrlichen Gläubigen gegen die beiderseitigen Machthaber, welche die heilige Sache des Islam egoistischen Zielen opferten, mit den Waffen in der Hand aufstanden. Langsam gewann Moáwija unter solchen Wirrnissen Boden; das unvermeidliche Ende wurde durch die Ermordung Ali's beschleunigt, den ein tapferer Araber erstach, um das Land vom Elend des Bürgerkrieges zu befreien. Seinen Söhnen Haſſan und Huſſein gelang es noch weniger feſten Fuß zu faſſen; erſterer dankte ab, letzterer verſuchte unter dem nächſten Chalifen, Jeſid, noch einen Aufſtand, der mit ſeiner und ſeiner Getreuen Niedermetzelung bei Kerbelá endigte (10. October 680).

Mit dem endlichen Siege hatte Moáwija von ſelbſt das Ziel ſeines Ehrgeizes erreicht; er war Beherrſcher der Gläubigen (reg. 661—680), und bei ſeiner Familie, den Omaijaden, blieb nun die höchſte Würde neunzig Jahre lang. Aber das Weſen dieſer Würde war nicht unangetaſtet aus dem Toben des Bürgerkrieges hervorgegangen. Nicht durch Wahl der alten Genoſſen des Propheten, ſondern als Uſurpator hatte der geriebene Politiker den Thron ſich erſchlichen, der geheiligte Charakter der Legitimität fehlt allen ſpäteren Chalifen; um ſo weniger war ihre Autorität über die Gränzen ihrer jeweiligen Macht hinaus gefeſtigt. Warme Anhänger in großer Zahl hinterließ Ali; ihr Haß gegen die Gewalthaber verband ſich in einem für das Chalifat unheilvollen Moment mit dem Wiedererwachen des perſiſchen Volksgeiſtes, und die politiſch-religiöſe Sekte der Schiiten war entſtanden, welche theils durch offene Empörung, theils durch eine dem lügenhaften perſiſchen Charakter beſonders zuſagende geheime Propaganda die arabiſche Herrſchaft zu untergraben ſuchte, während ſie gleichzeitig die einfache Lehre des Islam mit halb perſiſchen, halb indiſchen Religionsvorſtellungen zu einem unſinnigen Miſchmaſch verband, in welchem von Anfang an bis heute die abgöttiſche Verehrung Ali's und ſeiner Söhne eine große Rolle ſpielt: noch jetzt iſt Kerbelá, wo Huſſein fiel, die geheiligte Wallfahrtsſtätte der ſchiitiſchen Perſer.

Aber auch die, welche von den erſten, überzeugten und aufrichtigen Genossen Muhammeds noch am Leben waren, konnten mit der neuen Herrschaft nicht einverstanden sein. Nicht umsonst war Moáwija der Sohn des Abu Sofjân, des erbittertsten und thatkräftigsten Gegners des Propheten bis zu dem Momente, wo die zu stark angewachsene Macht des letzteren ihn zu scheinbarer Bekehrung zwang: von solchen Leuten war eine Förderung des wahren Glaubens nicht zu erwarten, ihr Ehrgeiz war nur auf weltliche Ziele gerichtet. Aber diese wußten sie trefflich im Auge zu behalten und ohne Aengstlichkeit in der Wahl ihrer Mittel zu erreichen; mag die finstere Sage von dem christlichen Arzte, der stets wirksame Gifte für die Feinde des Hauses Omaija in seiner Apotheke vorräthig hatte, auch übertrieben sein — weder Moáwija noch die meisten seiner Nachfolger besannen sich auch nur einen Augenblick, einen gefährlichen Gegner rasch und ohne Aufsehen aus dem Wege schaffen zu lassen. Aber auch offene Gewalt war ihnen recht: als nach Moáwija's Tode eine Empörung der Altgläubigen in Medina und Mekka stattfand, die sich bis in die Zeit des Chalifen Abdelmélik (685—705) hinzog, scheute sich Hadbschâdsch, der rücksichtslose Feldherr desselben, nicht, die Geschosse der Belagerungsmaschinen eigenhändig auf die Kaaba, das heiligste Gebäude des Islams, zu richten, welches doch sogar den Heiden unverletzlich gewesen war: für die frommen Empörer selbst gab es natürlich noch weniger Schonung.

So ist das Chalifat der Omaijaden recht eigentlich eine Reaction des heidnischen Araberthums gegen den Islam, des Weltsinns gegen die Frömmigkeit. In gewisser Hinsicht war eine solche Reaction freilich wünschenswerth. Bereits hatte religiöser Fanatismus die an sich starre und freudlose Lehre Muhammed's nach der Seite weltflüchtiger Askese hin weiter zu steigern angefangen. Das alte fröhliche Leben der Wüste —

auch der Araber schätzte von Hause aus Wein, Weib und Gesang — war fast zur Sage geworden, als mit den Omaijaden die alten heidnischen Neigungen zur Herrschaft kamen. Zwar hüteten die klugen Fürsten sich wohl vor ausdrücklichem Abfall von dem Bekenntniß, welches den einzigen Rechtstitel ihrer Herrschaft bildete; aber mit der Ausübung der religiösen Pflichten nahmen sie es nichts weniger als genau. Ein ausgelassenes Hofleben entwickelte sich in Damaskus, der Residenz der von Syrien aus ja zur Herrschaft gelangten Dynastie. Während die legitimen Chalifen, gleich den Römern der alten Zeit, die strenge, ja dürftige Lebensweise der Tage, wo sie an Muhammed's Seite um die Existenz kämpften, auch dann beibehielten, als sie über hunderte von Provinzen geboten, während zu ihrer Zeit die in den Städten hie und da bereits aufwuchernde Ueppigkeit des Lebens von der Mehrzahl der Gläubigen scheel angesehen und durch strenge Eingriffe der Behörden eingeschränkt wurde, konnte in Damaskus nicht allein Luxus und Ueppigkeit sich frei entfalten, sondern die Beherrscher der Gläubigen gaben darin selbst den Ton an. Und welch' einen Ton! Wahre Bildung gedeiht nur auf dem Boden einer Jahrhunderte alten Civilisation; hier war es nicht einmal nöthig, von dem Chalifen den Firniß abzukratzen, um den Barbaren zu Gesichte zu bekommen. Schon der erste Nachfolger Moáwija's, sein Sohn Jesíd (680—683), war geradezu dem Trunke ergeben, und die Scherze, mit welchen er seine Gelage würzte, erinnern stark an Peter den Großen. Freilich darf man den arabischen Historikern, die unter den Abbassiden schrieben und diese stets auf Kosten der Omaijaden herauszustreichen beflissen sind, nicht allzusehr trauen. Möglicherweise ist es also eine böswillige Erfindung, wenn berichtet wird, daß Jesíd sich einen Lieblingsaffen hielt, der sich stets an seiner Seite befand und von ihm verhätschelt wurde, wie das Pferd des Caligula. Der Chalife fand es witzig zu behaupten, sein Abu Kais, wie er ihn nannte, sei eigentlich ein alter Jude, den Allah wegen seiner Sünden in einen Affen verwandelt habe: mit Sammet und mit Seide ward er angethan; oft, wenn am Thore des Chalifenschlosses die Menge ehrerbietig auf den Beherrscher der Gläubigen harrte, erschien statt seiner in feierlichem Aufzuge der grinsende Affe, und als er endlich bei einer ähnlichen Gelegenheit den Hals brach, war der Chalife untröstlich, ließ ihn kirchlich beerdigen und verfaßte eine Elegie auf seinen Tod.

Solche Geschichten mögen nun, wie gesagt, böswillige Erdichtungen sein, aber auch die unverdächtigsten Nachrichten stimmen darin überein, daß es am Hofe zu Damaskus überaus lustig und manchmal recht frei herging. Das hatte nun sein Erfreuliches, wenn eins der bei den Arabern so häufigen dichterischen Talente an der Sonne des Hofes zur Blüthe kam. Und deren hat es nicht wenige gegeben, denn das arabische Volk besitzt einen so allgemein angebornen, sicheren Geschmack und ein so lebhaftes Interesse für die Poesie, daß ein begabter Dichter, der ein wenig zu schmeicheln verstand, selbst bei dem rohesten Omaijaden einer freundlichen Aufnahme sicher war. Freilich hatte auch hier der Hof einen schlüpfrigen Boden. Es giebt eine dunkle Geschichte von einem schönen und poetisch begabten jungen Manne, der es wagte, bis zur Gemahlin Walid's I. seine Augen zu erheben. Eines Tages war er verschwunden, nie wurde wieder etwas von ihm vernommen; aber leise ging es von Mund zu Mund, daß der Chalife eines Tages unerwartet in das Zimmer seiner Gemahlin gekommen sei, wo seit einiger Zeit eine große Truhe stand. Der Chalife erbat sie sich, scheinbar harmlos, von seiner Gemahlin als Geschenk und ließ sie vergraben. — Wer sich vor solchen Gefahren zu hüten wußte, konnte es zu Ehre und Vermögen bringen; und nicht nur Dichter, auch Musiker und Sänger halfen bei den Hofgesellschaften die Zeit verkürzen: ebensowenig fehlte es an Tänzen und Spielen verschiedener Art. Im ganzen aber war es doch ein rohes und wüstes Treiben, von wahrer Kunst war wenig, von Wissenschaft gar nicht die Rede; man müßte es denn für eine erhebliche Förderung der letzteren halten, daß den orthodoxen Theologen gegenüber, die zu alledem bedenklich die Köpfe schütteln mußten, eine freiere Richtung in Aufnahme kam, welche meinte, der liebe Gott würde es schließlich am jüngsten Tage am Ende doch nicht so genau nehmen, als die Frommen immer behaupteten. Es ist zwar nicht unwahrscheinlich, daß der Verkehr mit gebildeten Griechen, deren doch nicht wenige nach der Eroberung in Syrien zurückgeblieben waren, manchen klügeren Kopf und manchen ernsteren Sinn zu höheren Dingen anregte, wenigstens spricht dies und jenes dafür, daß die später unter den Abbassiden so herrlich aufblühenden Wissenschaften schon unter dem Omaijadenchalifate im Stillen Keime trieben, zahlreicher, als es das bloße Bedürfniß des Gottesdienstes und der Verwaltung ohnehin erforderte; aber der Schutz und die Förderung der Regierung wurde solchen Bestrebungen kaum gewährt.

Freilich würde man die Chalifen von Damaskus zu hart beurtheilen, hielte man sie für eine bloße Schaar von Lüstlingen oder Trunkenbolden: aber die Leistungen auch der Tüchtigsten unter ihnen bestanden lediglich in Mehrung des Reiches und energischer Handhabung des Herrscheramtes; unter der Regierung Walid's I. (705—715) setzten die Araber, die in ihrem Weiterdrängen den atlantischen Ocean erreicht hatten, die Berbern Nordafrikas mit sich fortreißend, unter der Führung des Târik über die Meerenge, welche noch heute den Namen des Feldherrn führt, schlugen Roderich bei Veger (nicht Xeres, wie gewöhnlich gesagt wird) de la Frontera (711) und eroberten in raschem Siegeslaufe den größten Theil Spaniens. Gleich aber nach Walid, der überhaupt ein guter Fürst war und auch für die Hebung der inneren Zustände Sinn hatte, begann der Verfall der Dynastie, theils durch die Schuld der Chalifen selbst, unter welchen kaum noch einer oder zwei durch einige gute Eigenschaften hervortreten, theils durch das immer gefährlichere Anwachsen der religiös-politischen Parteien, mehrfache Aufstände ehrgeiziger oder ungerecht behandelter Statthalter, und den unter den syrischen Stämmen neu hervortretenden altarabischen Particularismus. Daß die Organisation, welche Omar dem Staate gegeben hatte, sich auf die Dauer nicht streng durchführen ließ, ist bereits angedeutet. Der Bürgerkrieg hatte zur natürlichen Folge, daß besonders Moáwija bedeutenden Männern, welche er an sich fesseln wollte, erhebliche Geschenke und Dotationen zukommen ließ, und bei dem großen Umfange des Reiches waren die Chalifen je länger je weniger im Stande, ihren oft in entfernten Provinzen hausenden Statthaltern und Offizieren auf die Finger zu sehen. So wurde allmälig die Bestimmung, daß kein Gläubiger Grundbesitz haben durfte, mehr und mehr zu einem todten Buchstaben; der Einzelne wurde durch Besitz und Einkünfte an einen bestimmten Ort gefesselt, die Araber hörten auf eine geschlossene Einheit zu bilden und fingen nach und nach an, mit den unterworfenen Völkerschaften, denen der Beitritt zum Islam durch Aufhören jener lästigen Bestimmungen ebenfalls wesentlich erleichtert wurde, sich zu vermischen. Während auf diese Art die Kraft der arabischen Nationalität langsam aber sicher geschwächt wurde, erwachte das durch den plötzlichen Sturz der Sassaniden betäubte Selbstbewußtsein des persischen Volkes von neuem und die Partei der Schiiten, welche die Nachkommen Ali's auf den Schild hob, machte in den persischen Provinzen bedenkliche Fortschritte; daneben aber, was das schlimmste war, brach die Erbitterung der Altgläubigen über die Irreligiosität und Zügellosigkeit der Fürsten und Vornehmen in einer Reihe von Aufständen hervor, welche schon den ersten Omaijaden viel zu schaffen machten und schließlich das Ende der Dynastie beschleunigen halfen, umsomehr, als die Zwistigkeiten zwischen den in Syrien stehenden nord- und südarabischen Stämmen, auf deren Kraft das regierende Haus sich allein stützte, die militärische Leistungsfähigkeit der omaijadischen Fürsten allmälig auf das empfindlichste schwächten.

Als der letzte derselben, Merwán II. (744—750) die Herrschaft antrat, war eigentlich das ganze Reich in voller Empörung. Tapfer kämpfend suchte Merwán von neuem festen Fuß zu fassen; aber von Osten nahte ihm das Verderben. Ganz Persien vom Oxus bis an den Tigris befand sich schon widerspruchslos in den Händen der Schiiten, und wäre unter den Nachkommen Ali's ein thatkräftiger Mann gewesen, er hätte sich den Weg auf den Thron bahnen können. Aber es fehlte den zunächst Berechtigten an Muth, und mit Geschick benutzte dies eine andere Linie der Familie des Propheten, die für jene losgebrochene Bewegung zu ihren eigenen Gunsten abzulenken. Es war ein Nachkomme des Abbás, eines Oheims Muhammed's, der, wie einst der schlaue Omaijade Moáwija dem Ali, nun seinerseits Omaijaden und Aliden die Herrschaft stahl. Als Vorkämpfer der Rechte Ali's ließ sich Abul-Abbás — so hieß er — durch zahlreiche Emissäre den schiitischen Befehlshabern empfehlen, als Wiederhersteller der beleidigten Religion und als Rächer des durch die schlechte Regierung der Omaijaden verletzten Nationalgefühls empfahl er sich in eigener Person den Arabern, und durch Ströme Blutes, wie er es selbst angekündigt, bahnte er sich rücksichts- und gewissenlos den Weg zum Chalifate: **As-Saffáh**, den Blutvergießer, nannte ihn das Volk und nennt ihn die Geschichte (reg. 750-754). Die Greuel, durch welche er sich zur Herrschaft emporschwang, die Undankbarkeit, mit der er wie sein Bruder und Nachfolger **Al-Manssúr** (754—775) diejenigen beseitigen ließ, denen er seinen Sieg verdankte, sind düstere Vorzeichen für die Geschichte eines Herrscherhauses, dessen Mitglieder, meist in sich widerspruchsvolle Charaktere, wenn auch oft begabte Naturen, sämmtlich ächt orientalische Despoten waren, während einige von ihnen zu den größten Schandflecken der Menschheit gehören.

Despoten freilich mußten sie sein. Das alte freie, stolze Araberthum hatte fast aufgehört zu existiren: die Stämme, welche die Freiheit dem Golde vorzogen, gingen mehr und mehr in die Wüste zurück, aus welcher sie zur Eroberung der halben Welt hervorgebrochen waren; Andere hatten zu Tausenden und aber Tausenden in den unablässigen Kriegen und Aufständen das Leben verloren. Die aber, welche übrig geblieben waren und es vielfach zu Ehre und Vermögen gebracht hatten, waren meist keine ächten Araber mehr, sondern vermischten sich allmälig ununterscheidbar mit den bekehrten Persern und anderen Nationalitäten. Aus solchen Elementen bestand vorzüglich die Bevölkerung der größeren Städte, und die Vereinigung der verschiedenen Racen führte hier zu keinem guten Ergebniß: nicht ohne natürliche Begabung, aber unruhig, frech und zuchtlos, dabei feige, unzuverlässig und abergläubisch ist dieser Pöbel wie kaum ein anderer gewesen. Aber ein Araber wollte jeder sein, das galt für vornehm, und da außerdem die Länder des Westens eben auch höchstens von Arabern, nicht aber von Persern beherrscht sein wollten, so blieb den Abbassiden in der That nichts übrig, als den Mohren gehen zu heißen, nachdem er seine

Schuldigkeit gethan. Zu spät merkten die Perser und mit ihnen die Aliden, daß sie betrogen waren; aber mit eiserner Strenge mußten die Abbassiden regieren, um einerseits die enttäuschten und erbitterten Aliden nicht aufkommen zu lassen, andererseits nicht von der in den alten Ländern des Islams von Zeit zu Zeit immer wieder hervorbrechenden orthodox-demokratischen Strömung fortgerissen zu werden. Sie verbanden aber damit zu Anfang, wie man zugeben muß, ein verständiges Streben, sich auf die gemäßigten Elemente aller Parteien zu stützen, und diesem Streben in Verbindung mit dem Gedanken Al-Manssúr's, am Tigris eine neue Residenz zu gründen, verdankt jenes Zauberbild sein Dasein, welches, wie im Oberon vor dem Ritter Hüon, so auch vor unseren Augen jedesmal aufsteigt, wenn der Name Bagdad genannt wird.

Es war in der That eine geniale Idee, den Mittelpunkt der Herrschaft, welche sich auf Araber und Perser gleichmäßig stützte und sie gleichmäßig im Zaume halten wollte, an die Stätte zu verlegen, von wo aus seit den Zeiten Ninive's Vorderasien regiert worden ist, an die Stätte, wo sich die Handels- und Militärstraßen der Vergangenheit kreuzten, wie sich dort einst wieder die Straßen der Zukunft kreuzen werden. Mit unglaublicher Schnelligkeit wuchs seit 762 nahe der Stelle des vor hundert und vierzig Jahren zerstörten Ktesiphon die neue Hauptstadt empor, während Manssúr durch zahlreiche Kämpfe gegen die hie und da noch entstehenden Empörungen seine Herrschaft befestigte; glänzend war der Hof, der sich unter seinen Nachfolgern dort versammelte, und von allen Seiten strömten wieder an die Stätte dieses Hofes die Schaaren derer zusammen, welchen Amt oder Gewinnsucht hier ihren Platz anwies. In der Mitte am Tigris lag, eine kleine Stadt vom Umfange einer Stunde für sich, der Chalifenpalast, durch starke Mauern befestigt und von der übrigen Stadt getrennt, inmitten parkartiger Anlagen; um ihn herum zogen sich die Regierungsgebäude und die Paläste der Vornehmen; von den Vorstädten war die Stadt wiederum durch starke Befestigungen geschieden. Dies war der Ort, wo bald der Handel und das Gewerbe des ganzen Reiches ihren natürlichen Mittelpunkt fanden, begünstigt durch bequeme Wasserstraßen und Landwege, vor allem aber durch die unvergleichliche Lage in Mesopotamien, der Kornkammer Vorderasiens, mitten zwischen Persien, Syrien und Arabien mit ihren verschiedenartigen Producten und Gewerbserzeugnissen. Und wie mußte die Pracht und Ueppigkeit des Hofes auf Handel und Wandel belebend wirken! Hier flossen die Einkünfte aller Provinzen zusammen, von denen bald ein unverhältnißmäßig großer Theil für die Bedürfnisse des Palastes vergeudet wurde; hier fanden sich alle Augenblicke die Feldherrn und Statthalter aus den entlegensten Ländern ein, um sich der Gnade des Beherrschers der Gläubigen zu versichern, hier lebten die einflußreichen Beamten, deren wahrhaft fürstliche Einkünfte wiederum der Stadt zu Gute kamen. Aber auch in anderer, und zwar in einer höheren Beziehung war die Wahl des Platzes die glücklichste. Hier vollzog sich die Verbindung zwischen syrischchristlicher Gelehrsamkeit, persischer Phantasie und arabischer Beobachtungsschärfe; eine Verbindung von Elementen, die sich gegenseitig zu einem geistigen Feuer entzündeten, welches aus der Mitte Asiens in die Unwissenheit und Roheit des europäischen Mittelalters weit hinein leuchtete, und an dessen letzten, im Erlöschen begriffenen Ueberresten noch jetzt die muhammedanischen Völker kümmerliche Lämpchen sich entzünden.

War alles dies nur an einem so günstig gelegenen Punkte möglich, so muß man doch den ersten abassidischen Chalifen das große Verdienst zuerkennen, die materielle wie die geistige

Entwicklung des Orients mit Verstand und Liberalität angeregt und geleitet zu haben. Mochten sie es immerhin nur für ihre nächste Umgebung beabsichtigen und die weltgeschichtlichen Folgen nicht ahnen; es war doch ein hohes Streben, welches sie beseelte, und das danken wir ihnen, wie wenig auch sonst ihre Regierungsweise uns zusagt oder den von ihnen beherrschten Ländern zu dauerndem Segen gewesen ist. Es ist freilich die Frage, ob unter den gegebenen Verhältnissen anders regiert werden konnte: aber keine Frage ist es, daß dies Regierungssystem nichts als ein großartiger Raubbau war. Die reichsten Länder der alten Welt, insbesondere das fruchtbare Mesopotamien, konnten auf die Dauer den immer erhöhten Steuerauflagen, den Erpressungen der Statthalter und Beamten nicht widerstehen. Unter den ersten Abbassiden scheint allerdings eine ganz geschickte und verhältnißmäßig ordentliche Finanzverwaltung bestanden zu haben. Aber die Bedürfnisse des Staates und Hofes waren so ungeheuer, daß die Einkünfte eben nicht ausreichen konnten, und mit der zunehmenden Schwäche der Centralregierung, mit dem Abfall einer Provinz nach der andern, wie er unter den späteren Abbassiden an der Tagesordnung war, mit dem wachsenden Uebermuth der Soldatesca, der zunehmenden Gewissenlosigkeit und Raubsucht der Civilbeamten verminderten sich die Einnahmen immer schneller, mußte die Steuerschraube immer fester angezogen werden, während nie endende Aufstände und Bürgerkriege noch mehr zur Verarmung des Landvolkes, also des eigentlichen Kernes der steuerzahlenden Bevölkerung, beitrugen. Natürlich trat indeß der Verfall erst allmälig ein und wurde bei dem großen Reichthum der Provinzen noch später sichtbar; die ersten hundert Jahre hindurch ist die Chalifenhauptstadt der von Pracht und Luxus strahlende Mittelpunkt einer wirklich großartigen

Herrschermacht. Freilich nicht alle die Länder, welche das Schwert der Araber unterworfen hatte, beugten sich derselben: das entlegene Spanien benutzte die Wirren, welche den Uebergang vom Omaijadenchalifate zur Herrschaft der Abbassiden bezeichnen, sich vom Osten unabhängig zu machen.

War nämlich bereits von Eroberung des Landes an die Verbindung zwischen der fernen Halbinsel und dem Sitze des Chalifates in Damaskus schwierig und oft unterbrochen gewesen, so wurde sie um diese Zeit gänzlich unmöglich, da die Berberstämme Nordafrika's in großer Zahl sich empört hatten und also der Landweg zwischen dem noch entfernteren Bagdad und der Meerenge von Gibraltar unpassirbar war, während im Seewesen die Araber noch keine genügende Erfahrung hatten. Außerdem war in Spanien zur selben Zeit wie im Orient ein langer Bürgerkrieg ausgebrochen, in welchem sich die Berbern mit den Arabern und die beiden Parteien der Nord- und Südaraber untereinander zerfleischten. Um so weniger war es möglich, daß ein, sei es aus Damaskus, sei es aus Bagdad gesandter Gouverneur die Regierung des Landes in die Hand nahm; wie ein Ersatz für das verlorne Chalifat war die schönste Perle der Herrscherkrone von Damaskus einem Abkömmlinge des eben gestürzten Geschlechtes vorbehalten.

Grausam und rücksichtslos wie er war, hatte der erste Abbasside die gänzliche Ausrottung der Omaijadenfamilie verordnet, damit kein Mitglied derselben je der neuen Dynastie gefährlich werden könnte. Wie wilde Thiere wurden die unglücklichen Prinzen gehetzt; die trotzdem der mörderischen Verfolgung entkommen waren, lockte man durch das Versprechen einer Amnestie herbei und erschlug sie. Der einzige Abderrahmán, ein Enkel des Chalifen Hischám, vermochte sich zu retten; er floh nach dem Westen, der noch nicht den Abbassiden gehorchte, und führte

dort unter den Berbern, von Stamm zu Stamm, von Stadt zu
Stadt irrend, überall vergeblich einem seiner hohen Geburt würdigen Geschick nachjagend, fünf Jahre lang ein gefahrvolles
Abenteurerleben. Endlich gelang es ihm, Verbindungen in
Spanien anzuknüpfen. Die dort miteinander um die Herrschaft
stritten, waren zum Theil Araber, syrische Araber; in ihren
Reihen befanden sich einige Hundert persönliche Anhänger der
Omaijadenfamilie; sie gelang es einem treuen Boten Abderrahmán's für den Flüchting, den letzten Sprossen des altverehrten Geschlechtes, zu begeistern. Man knüpfte, da mit den augenblicklich
siegreichen Nordarabern nichts anzufangen war, mit den Häuptern
der im Nachtheil befindlichen südarabischen Partei an; auf ihre
Einladung setzte Abderrahmán nach Spanien über (755), und
nun begann das merkwürdige Schauspiel, wie ein einziger Mann,
abgesehen von wenigen persönlichen Anhängern nur auf sich
selbst angewiesen, durch eine ungewöhnliche Entfaltung von
Tapferkeit, Klugheit und Herrschertalent, freilich auch von Treulosigkeit, Hinterlist und Grausamkeit inmitten dreier mit einander streitender Parteien, je nach Bedürfniß die eine gegen die
andre ausspielend, in wenigen Jahren sich zum unbestrittenen
Herren eines der schönsten Länder der damaligen Welt machte.

Nicht ohne Widerstreben fügten sich die Abbasiden darin,
einen ihrer längst vernichtet geglaubten Todfeinde im Besitz der
großen und reichen Provinz zu sehen, über welche die Oberhoheit
ihnen selbst gebührte, und Mansúr wäre der Letzte gewesen,
sich solches bieten zu lassen; so sandte er 763 einen seiner
Generäle nach Spanien, das Land gegen den Omaijaden aufzuwiegeln und, wenn möglich, in Besitz zu nehmen. Ein gefährlicher Aufstand der zahlreichen Gegner, welche sich Abderrahmán's perfide Politik geschaffen hatte, brach aus, aber auch
diesen wußte der kräftige Fürst zu dämpfen. Der unglückliche

General fiel; seinen und seiner ansehnlichsten Begleiter Köpfe ließ der Omaijade einbalsamiren, jedem ein Etikett mit Namen und Titel ans Ohr heften, das Ernennungsdekret Manssúr's und die schwarze Abbassidenfahne, sowie einen sorgfältig geschriebenen Bericht über die Niederlage hinzufügen und das Ganze durch einen Boten bei Nacht auf dem Marktplatz von Kairuwán, der Hauptstadt des abbassidischen Nordafrika's, niederlegen. Als die Kunde von dem grausigen Geschenk von da aus dem Manssúr zuging, rief er aus: „Gott sei Dank, daß er ein Meer zwischen mir und solchem Gegner geschaffen!" Und als derselbe einst an seinem Hofe die Frage aufgeworfen: „Wer ist der Falk der Koreischiten?" (des vornehmsten Stammes der Araber, dem Muhammed und die Chalifengeschlechter entsprossen sind) — und die Höflinge erst ihn selbst, dann Moáwija und Abdelmélik genannt, sprach Manssúr: „Weder der eine noch der andere; denn dem Moawija hatten Omar und Othman die Wege geebnet, und Abdelmelik hatte eine mächtige Partei für sich. Der Falk der Koreischiten ist Abderrahman, Moawija's Sohn, der, nachdem er allein die Wüsten Asiens und Afrikas durchstreift, die Kühnheit gehabt hat, sich ohne Heer in ein ihm unbekanntes, jenseits des Meeres gelegenes Land zu wagen. Nur auf seine Geschicklichkeit und Ausdauer gestützt hat er es vermocht, seine stolzen Gegner zu demüthigen, die Rebellen zu vernichten, seine Grenzen gegen die Angriffe der Christen sicher zu stellen, ein großes Reich zu gründen, und unter seinem Scepter ein Land zu einigen, welches bereits unter verschiedene Herrscher zersplittert zu sein schien. Das hat vor ihm niemand gethan."

Während aber „der Falk der Koreischiten" das kleinere Raubvögelvolk zu Paaren trieb, war bereits der spanische Löwe aus der Erstarrung erwacht, in welche ihn die bei Veger de la Frontera empfangene Todeswunde geworfen, und fing an sich von neuem zu regen. Aus der kleinen Schaar, welche dem heldenmüthigen Pelayo in die unzugänglichen Klüfte Asturiens gefolgt war, um sich Vaterland und Glauben zu erhalten, war um 750 ein Heer geworden, welches den im Nordwestens Spaniens wohnenden Berbern blutige Niederlagen beibrachte und die muhammedanische Herrschaft auf die Linie Coimbra-Toledo-Pampelona zurückdrängte: damit ist das Königreich Leon gegründet, der erste Anfang des neuen, des katholischen Spaniens. Aber auch in den übrigen Theilen der Halbinsel erwachte durch den Gegensatz zu der fremdartigen Race der Araber ein Nationalgefühl, welches die unglaubliche Wirthschaft der Westgoten nicht hatte aufkommen lassen: nicht nur die Christen — welchen oft gegen den Wunsch ihrer Fanatiker der Islam jene gutmüthig-verächtliche Toleranz angedeihen ließ, die ihm von jeher eigen gewesen ist — sondern gerade die zum Muhammedanismus übergetretenen Spanier fingen an, sich als Feinde der Semiten und Afrikaner zu fühlen, welche auf dem, seinen rechtmäßigen Eigenthümern entrissenen Boden die Herren, und oft übermüthige und unbillige Herren spielten. Das ganze neunte Jahrhundert wird durch die Empörungen ausgefüllt, welche aus diesem Mißverhältniß sich ergaben, und das letzte Jahrzehnt des genannten wie die beiden ersten des folgenden Säculums hallen wieder von dem Ruhme der Thaten, welche der glänzende Nationalheld der Spanier in diesem Kampfe, der verwegene und tapfere Omar ibn Haffsún, von seiner festen Burg im Gebirge von Ronda aus durch halb Spanien vollbrachte. Endlich fand auch er seinen Meister in dem ebenso scharfblickenden als festen und kräftigen Abderrahmán III. (912—961), der es endlich fertig brachte, die verschiedenen Racen der Halbinsel — Araber, Berbern, Spanier — zu einer einheitlichen Nation zusammenzuschmieden, indem er sie alle drei gleichmäßig einer absoluten, aber gerechten und weisen Herrschaft unterwarf. Die ruhmreiche Regierung dieses größten Fürsten des muhammedanischen Spaniens bildet in politischer Beziehung den Glanzpunkt der ganzen Geschichte des Landes vor seiner Rückgewinnung für das katholische Christenthum; ja wer berücksichtigt, daß die spätere Weltherrschaft des stolzen Volkes durch den Ruin seines inneren Lebens erkauft werden mußte, wird die Periode, in welcher Muhammedaner, Juden und Christen unter einer kräftigen und ordnungsliebenden, aber einsichtigen und toleranten Regierung in Gewerbfleiß, Kunst und Bildung friedlich mit einander wetteiferten, für die gesegnetste Zeit in seiner ganzen Entwicklung ansehen.

Gesegnet war unter allen Umständen das Land, welches dazumal durch Ordnung und Ruhe, durch den Fleiß und das Geschick seiner Bewohner für Ackerbau, Gewerbe und Industrie, durch den nach allen Weltgegenden hin getriebenen Handel, durch den aus allem diesem sich ergebenden Reichthum des Staates wie der Einzelnen alle anderen Länder der Welt übertraf. Ein Drittel der öffentlichen Einkünfte, welche jährlich 6,245,000 Goldstücke betrugen, genügte für die Ausgaben des Staates, das zweite Drittel floß in den Staatsschatz, das dritte verwandte Abderrahman auf die großartigen Bauten, mit denen er seine Hauptstadt Córdova schmückte. So nahm diese mit ihrer halben Million Einwohnern, ihren dreitausend Moscheen, — darunter das herrlichste Gotteshaus der ganzen muhammedanischen Welt, dessen vandalisch verunstaltete Reste noch jetzt eine geradezu wunderbare Wirkung auf den Beschauer üben — mit ihren Prachtpalästen, ihren 113 000 Häusern, dreihundert Bädern und achtundzwanzig Vorstädten, den Wettstreit mit der Chalifenstadt des Ostens, dem märchenhaften Bagdad auf, und wenn letzteres an äußerem Glanze vielleicht noch voranstand, so konnte es die Rivalin um die Weisheit ihrer Regierung und die Zufriedenheit ihrer Bevölkerung beneiden. Bewundernd preist darum selbst im fernen Deutschland die fromme christliche Nonne Hroswitha von Gandersheim das muselmännische Córdova als die „helle Zierde der Welt, die junge herrliche Stadt, stolz auf ihre Wehrkraft, berühmt durch die Wonnen, die sie umschließt, strahlend im Vollbesitz aller Dinge." Mag die Thatsache, seitdem alle die Herrlichkeit in den Staub gesunken und der Schwerpunkt der geschichtlichen Entwicklung aus der islamischen in die christliche Welt zurückverlegt ist, vergessen sein und uns modernen Menschen unglaublich erscheinen: Thatsache bleibt es darum nicht weniger, daß der Sitz der höchsten Civilisation im zehnten Jahrhundert das Morgenland gewesen ist; am herrlichsten aber erblühte sie da, wo die Beweglichkeit und Schärfe des semitischen Geistes einen Zusatz von indogermanischer Kraft und Gemüthstiefe bekam: eine Mischung, die heute leider vielen wieder ganz unwahrscheinlich vorkommen will. —

So war es mehr als ein bloßer Ausdruck gerechtfertigten Stolzes, es war ein Erforderniß innerer Wahrheit, als Abderrahmán III. im Jahre 929 den Chalifentitel annahm: mehr Recht, sich als Haupt des ganzen Islam zu fühlen, hatte der Fürst, dessen Land an der Spitze der muhammedanischen Civilisation stand, als der Schwächling zu Bagdad, der um diese Zeit sein Reich unter den raubsüchtigen Händen egoistischer Minister und Generäle in Stücke gehen ließ.

Auf die fünfzigjährige Regierung des kräftigsten und klügsten der spanischen Beherrscher der Gläubigen folgte die fünfzehnjährige des kunstliebendsten und gelehrtesten, auf den Glanz und die Macht politischer Größe die schönere Blüthe der Wissenschaft und Kunst. Beide fanden an Hakam II. (961—976) den verständnißvollsten Förderer. Selbst ein Gelehrter und ein feiner Kenner der Poesie verwandte er ungeheure Summen auf Schulen, Universitäten, Bibliotheken und belohnte hervorragende Dichter und Gelehrte auf das Fürstlichste. So konnte es dahin kommen, daß zu einer Zeit, wo im übrigen Abendlande eigentlich nur die Geistlichen lesen und schreiben konnten, in Spanien diese Kunst fast Niemand unbekannt war, daß von allen Weltgegenden Lernbegierige zu den Universitäten von Córdova, Sevilla, Toledo, Valencia, Almeria, Málaga und Jaén herbeiströmten, daß die große Bibliothek zu Córdova die erste der Welt wurde — ihre Reste sind nachher zur größeren Ehre Gottes auf Befehl des Cardinals Ximenez von den Christen verbrannt worden²) — daß ganze Schaaren von Dichtern in kunstmäßiger Weise die Empfindungen schilderten, welchen einen naiveren, obwohl gleich gebildeten Ausdruck in improvisirtem, aber wohlgerundetem Verse zu geben eine allgemein verbreitete Gabe des merkwürdig poetisch veranlagten Volkes war.

Spiegelt sich in dieser herrlichen, durch v. Schack in vollendetster Weise uns vermittelten Poesie ein lebens- und genußfroher Sinn und gleichzeitig eine Ritterlichkeit und ein Adel der Empfindung ab, mit denen der spanische Araber hinter dem christlichen Minnesänger in keiner Weise zurücksteht, so fällt es auf, daß die religiöse Richtung des Volkes hier von Anfang an eine bei weitem strengere ist, als im ganzen übrigen Orient. Und doch ist diese absolute Herrschaft der Orthodoxie sehr begreiflich, wenn man die Verschiedenheit der Verhältnisse im Osten und Westen erwägt. Dort tritt sogleich nach den ersten legitimen Chalifen mit den Omaijaden eine Reaction des alten Heidenthums gegen die dem ächten Araber in den meisten Fällen unsympathische religiöse Erregtheit ein, und der Einfluß des pantheistisch angehauchten Perserthums unter den ersten

Abbasiden befördert geradezu Rationalismus und Freigeisterei. Anders in Spanien, unter dessen Eroberern sich eine große Zahl von eben den Altgläubigen befand, welche vor jener heidnischen Reaction hatten entweichen müssen, und wo die Neubekehrten, fast sämmtlich Sklaven und Leibeigene, in der neuen Religion zugleich die Freiheit begrüßten, welche ihnen das Christenthum verweigert hatte. So kommt es, daß von der Blüthe der Künste und Wissenschaften in Spanien einzig und allein die Philosophie ausgeschlossen bleibt, so lange der Volksgeist in seinem ersten Aufschwunge begriffen ist, und daß die Theologie durchweg auf dem Standpunkt einer starren Orthodoxie verharrt, welchem übrigens der Sinn des spanischen Volkes ja auch in christlicher Zeit zugeneigt geblieben ist.

So bewunderungswürdig die Förderung ist, welche Hakam II. allen Bildungsbestrebungen seiner Zeit gewährte, und so wenig er daneben die politische Seite seiner Herrscherpflichten vernachlässigte, so hat doch der sonst so verständige Fürst die Veranlassung zu dem Zusammensturze des Reiches gegeben, welches sein Vater auf den Gipfel der Macht geführt und für dessen Blüthe er selbst so eifrig gesorgt hatte. Es war die Vaterliebe, welche in ihm, wie in so vielen Herrschern des Orients, die ruhige Beurtheilung der Verhältnisse überwog. Seinem Sohne Hischam, der um die Zeit seines Todes kaum elf Jahre zählte, die Herrschaft zu hinterlassen, war seine Hauptsorge, aber zu dessen und des ganzen Reiches Verderben nur erreichte er die Erfüllung seines Wunsches. Nicht ungern huldigten die Großen des Reiches dem jugendlichen Chalifen, dessen Unmündigkeit ihrem Ehrgeize freies Spiel verhieß. Der Hervorragendste unter ihnen war einer der höheren Beamten, Mohammed ibn Abi Amir, ein thatkräftiger, begabter und schlauer Mann, gleich bedeutend im Cabinet und in der Verwaltung wie im Felde, am bedeutendsten aber in der Intrigue: seiner gewissenlosen Schlauheit, der er den Beinamen des Fuchses verdankte, gelang es bald, den fürstlichen Knaben in gänzliche Abhängigkeit von seinem Willen zu bringen und sein ganzes Leben hindurch zu erhalten, die übrigen Großen des Reiches aber einen nach dem andern durch die verschiedensten Mittel zu beseitigen, so daß vom Jahre 981 an thatsächlich er allein die Regierung führte. Seiner Herrschaft größeres Ansehen zu verleihen, nahm er nach einem großen Siege über die Christen in dem genannten Jahre einen jener Ehrennamen an, wie sie die selbständigen Fürsten zu führen pflegten, und unter diesem Namen Al-Manssúr (Almansor) — dem er später noch den Titel eines Königs hinzufügte — ist er über zwanzig Jahre lang der unumschränkte Herr des Chalifates und der Schrecken der spanischen Christen gewesen. „Im Jahre 1002," berichtet ein Chronist der letzteren, „starb Almanior; er liegt in der Hölle begraben." Der kurze Satz sagt mehr als die längste Lobrede eines Muhammedaners vermöchte: unbedingt übertrafen die Kriegsthaten Almansor's alles, was selbst von Abderrahman III. geleistet worden war. Seine durch eine unerbittliche Disciplin wie durch Freigiebigkeit und strenge Gerechtigkeit zum furchtbarsten Werkzeuge seiner Macht gewordenen Truppen drängten die Christen wieder auf den äußersten Nordrand Spaniens zurück; sie nahmen in mehr als fünfzig Feldzügen Leon, Pampelona und Barcelona, zerstörten das Nationalheiligthum des christlichen Spaniens, die Kirche und Stadt San Jages de Compostella im äußersten Galizien, und trugen den Schrecken der arabischen Waffen von neuem bis an die Pyrenäen. Dabei sorgte Almansor, über dessen Regierung man fast die verwerflichen Mittel, durch welche er sich zur höchsten Gewalt aufgeschwungen, vergessen möchte, nicht weniger als für die äußere

Macht für das innere Gedeihen des Landes, baute Straßen und Brücken, hielt die Ordnung kräftig aufrecht und versäumte auch nicht, Gelehrte und Dichter zu unterstützen. Nur eins war er bei aller Macht nicht im Stande seiner Herrschaft zu verleihen: die Dauer über den eigenen Tod hinaus. Seiner Regierung fehlte der Charakter der Legitimität, denn sie beruhte auf der thatsächlichen Verdrängung des eigentlich allein zu ihrer Ausübung berechtigten Chalifen. So mußte nach seinem Tode von Neuem beginnen, was ihm den Weg zur Macht gebahnt: die Rivalität der Generale und Beamten um die oberste Leitung des Staates, und diesmal fand sich kein Almansor, der mit kräftiger Hand die Zügel an sich gerissen hätte. Das Volk aber, längst auf den bürgerlichen Erwerb beschränkt und durch Wohlleben verwöhnt, konnte nur ein neues Element der Unruhe, kein maßgebendes Schwergewicht in dem Kampfe der Ehrgeizigen bilden: so endet das glänzende Jahrhundert der unvergleichlichen Blüthe Spaniens im Elend des Bürgerkrieges, der Bürgerkrieg mit der Entthronung der theils vergeblich nach Wiedergewinnung eigenen Einflusses ringenden, theils der Anarchie fassungslos gegenüber stehenden Omaijaden (1031) und mit mit dem Zerfall Spaniens in eine Menge von Einzelherrschaften. Manche von diesen haben dann noch, gleich den deutschen Kleinstaaten des vorigen Jahrhunderts, der Wissenschaft und Kunst wichtige Dienste erwiesen, viele der Theilfürsten sich mit dem Titel eines Beherrschers der Gläubigen geschmückt (im Jahre 1047 gab es deren vier gleichzeitig) — aber die Kraft des mohammedanischen Spaniens ist gebrochen, die Einzelstaaten vermögen den andringenden Christen keinen nachdrücklichen Widerstand entgegenzusetzen, auf die Zeit Almansors folgt die des Rodrigo Campeador, genannt der Cid.

Der Abfall Spaniens hatte zunächst den Glanz des Abbassidenchalifates wenig oder gar nicht getrübt, eine Zeit verhältnißmäßiger Ruhe war im ganzen Orient eingetreten, nur ab und zu gestört von Aufständen, die meist sofort unterdrückt werden konnten; das materielle und geistige Leben entwickelte sich mächtig, vor allem in der Hauptstadt. Es ging hoch her am Hofe der Beherrscher der Gläubigen zu Bagdad, und, man muß es ihnen lassen, bei aller Ueppigkeit und allem Luxus doch bei weitem feiner und gebildeter, als früher am Omaijadenhofe in Damaskus. Es ist bereits erwähnt worden, daß die Abbassiden sich anfangs auf die gemäßigten Elemente aller Parteien zu stützen versuchten: auch den Persern, welche sich wenigstens äußerlich zum Islam bekannt hatten, war damit der Zutritt zu den höheren Aemtern und zur Regierung geöffnet, und mit ihnen hielten Bildung und Eleganz der Sitte ihren Einzug in den Chalifenpalast, freilich auch die knechtische Gesinnung, welche diesem Volke seit Alters eigen oder doch anerzogen gewesen ist. Es war eine ungewöhnlich begabte Familie aus Ostpersien, welche gleich unter den ersten Abbassiden sich zu den höchsten Aemtern und dem maßgebendsten Einflusse emporschwang. Barmak, ein aus edler persischer Familie entsprossener Mann von großen Kenntnissen und feiner Bildung, seines Zeichens ein Arzt, soll schon vor dem Siege der neuen Dynastie nach dem Westen gekommen sein und in den maßgebenden Kreisen hohes Ansehen erlangt haben. Seinen Sohn Chálid finden wir jedenfalls bereits als Wesir, d. h. Minister des Saffáh und Manssúr; dessen Sohne Jáhja verdankte Harún Er-Raschíd (786 – 809) den Thron, von welchem er zu Gunsten des Sohnes seines Vorgängers fern gehalten werden sollte, und unter Harún war Jahja derjenige, welcher der Staatsregierung ihre Richtung wies, während sein

Sohn Fadhl mit Tüchtigkeit und Energie die schwierigsten Geschäfte bewältigte. Aber der liebste aus dieser ganzen Familie hochgebildeter, tüchtiger und einsichtiger Männer war dem Chalifen doch der lebenslustige und geistreiche Dschá'far. Es ist bekannt, wie diese kurze Zeit frohen Glanzes, materieller und geistiger Genußfreudigkeit unauslöschlich sich dem Gedächtniß der orientalischen Völker eingeprägt hat; Harún Er-Raschid ist der Chalife von Bagdad, der Idealfürst, wie ihn sich der Osten vorstellt, Dschá'far der Barmekide der ideale Minister; in diesem Paare, dem Chalifen arabischer Herkunft und seinem persischen Höfling, erscheint die Vermählung des Geistes beider Völker personificirt, welche die Blüthezeit der Civilisation im Osten geschaffen hat. Nicht überall freilich stimmt das Idealbild, wie es die Tausend und eine Nacht uns vorführen, mit der Wirklichkeit überein; wie alle solche Bilder, welche die Eindrücke eines ganzen Volkes zusammenfassen, verschönt es die Charaktere und übertreibt es die Aeußerlichkeiten, während es dem mehr sachlichen, wie dem eigentlichen geistigen Inhalt nicht gerecht wird. —

Ideal in der That ist der Charakter des Chalifen von Bagdad der Tausend und einen Nacht, wenn wir ihn mit dem wirklichen Harún Er-Raschid und anderen Mitgliedern seines Hauses zusammen halten. Etwas launisch erscheint freilich auch jener, aber von da bis zu der oft in Grausamkeit ausartenden Willkür, dem hartherzigen Egoismus, von dem in Wirklichkeit auch die besten der Abbassiden nicht freizusprechen sind, ist doch noch ein weiter Weg. Es fehlt ja freilich auch nicht an edlen Zügen, selbst nicht bei Harún, der doch viel schlechter war als sein Ruf, aber, wie schon gesagt, es liegt etwas Widerspruchsvolles in diesen Menschen, die je nach augenblicklicher Laune als weiche, ja sentimentale Naturen und edelmüthige Fürsten oder als wilde Tyrannen sich zeigen. Bei einzelnen steigern sich die Anfälle von Blutdurst und Grausamkeit in dem Grade, bei andern finden wir so auffällige Symptome hochgesteigerter Nervosität, daß wir uns des Wahnsinns der Cäsaren Roms erinnern müssen, der hier freilich nicht immer in jener typischen Form auftritt, welche Freytags Idealprofessor geistreich entwickelt. So blieb denn auch der gefeierte Liebling Harún's, der stets geistreiche und witzige Genosse seiner Abendstunden, in welchen man sich ohne Rücksicht auf die strengen Satzungen des Korans mit Weingenuß, Musik, Gesang und Tanz, mit Poesie und geistreichen Gesprächen unterhielt, so blieb auch der Liebling Harún's, Dschá'far der Barmekide, vor einem jähen und schrecklichen Ende nicht bewahrt. Rückert erzählt die tragische Geschichte in dem seinen „Morgenländischen Sagen und Geschichten" eigenen chronikenartigen und doch so ergreifenden Tone; sie ist in kurzem Auszuge die folgende. Fast mehr noch als den Dschá'far liebte der Chalife eine seiner Schwestern, Abbássa; beide zusammen bei sich zu sehen verbot ihm die strenge Sitte des Orients. So vermählte er die Schwester dem Freunde, aber sein strenger Befehl wollte, daß es eine Scheinehe bleibe, daß die Gatten sich nie anders als in seiner Gegenwart sehen dürfen, damit die Würde des Herrscherhauses gewahrt bleibe. Die Liebe der Abbássa zu dem schönen und glänzenden Manne aber duldete nicht die aufgezwungene Schranke; heimlich sahen sich beide mehr als einmal und der Ehe entsprossen zwei liebliche Knaben. Aengstlich wurden die Zeugen des gefährlichen Bundes vor dem Herrscher verborgen; aber auf Umwegen schlich sich der Verdacht ein, und endlich wurde dem Chalifen von einer Sklavin das Geheimniß verrathen. Harún war außer sich; aber er bändigte seine Wuth, bis der geeignete Zeitpunkt ihm gekommen zu sein schien; dann ließ er den nichts ahnenden

Dschá'far, den er eben noch mit Gnadenbezeugungen überhäuft hatte, ergreifen und ihm den Kopf abschlagen (i. J. 803). Die übrigen Barmekiden wurden ihrer Güter beraubt, gefangen gesetzt und verkamen im Elend.

Ist so das Bild, welches uns die Sage von den Chalifen von Bagdad giebt, ein zu günstiges, so weiß sie umgekehrt den wirklichen Vorzügen ihrer Herrscherthätigkeit nicht gerecht zu werden. Natürlich, denn die Menge sieht eben nur das Aeußere der Dinge. Es ist aber bereits oben angedeutet worden, daß Bagdad, wie in ihm alle materiellen Erzeugnisse der damals bekannten Welt zusammenflossen, ebenso auch die Stätte eines regen geistigen Austausches zwischen den Völkern geworden ist. Hier traf der gebildete Perser, der an der geistreichen und witzigen arabischen Poesie sich zu ergötzen gelernt hatte, den christlichen Arzt aus dem benachbarten Mesopotamien, der in seiner Klosterbibliothek alte syrische Uebersetzungen des „ionischen" Naturkundigen Aristoteles und des großen Arztes Galenos studirt hatte und in der Heilkunde am meisten erfahren war; hier vernahm er von einem Inder, wie statt der schwerfälligen Bezeichnung der Zahlen durch Buchstaben man ein aus zehn Zeichen bestehendes Ziffernsystem anwenden könne, welches alle Rechnungen in wunderbarer Weise vereinfache; und die Kunde von diesen Wundern des Geistes verbreitete sich auch am Chalifenhofe. Es ist doch ein schönes Zeugniß für den Scharfblick und die geistige Regsamkeit von Fürsten, wie Harún und sein zweiter Nachfolger Ma'mún (814—833) waren, daß sie eifrig solchem überlegenen Wissen der fremden, sonst doch von den Arabern verachteten Nationen nachspüren und die Uebertragung derselben in Sprache und Leben des herrschenden Volkes in jeder Weise, auch mit Aufwendung bedeutender Mittel, fördern ließen. Ganz besonders war es der eben genannte Ma'mún, der die

Uebersetzung wissenschaftlicher Werke aus dem Syrischen, Griechischen und Indischen veranlaßte, eine eigene Bibliothek, das Haus der Weisheit genannt, anlegte, auch astronomische Beobachtungen anstellen ließ und so den Studien der exacten Wissenschaften und der Philosophie einen Anstoß gab, der selbst in den bald folgenden trüben und verworrenen Zeiten zu einem stets wachsenden Aufschwung und zu ausgezeichneten wissenschaftlichen Leistungen führte. An dem Verdienst, welches die Araber und arabisch schreibenden Perser und Türken sich auch um unsere Vorväter erworben haben, gebührt somit kein geringer Antheil den Chalifen von Bagdad.

Harún's und Mamúns Regierungszeit (786—833) bezeichnet den Höhepunkt, die trotz einzelner Zwischenfälle äußerlich glänzendste Epoche des abbassidischen Chalifats. Bereits aber meldeten sich die Anzeichen des beginnenden Verfalls. Die Ursachen desselben sind ähnliche, wie diejenigen, welche das Ende der Omaijadenherrschaft herbeigeführt hatten. Die Absicht, ihre Herrschaft auf die gemäßigten Elemente aller Parteien zu stützen, konnten die Chalifen auf die Dauer nicht durchführen, weil eben diese Gemäßigten nicht stark genug waren, eine sichere Stütze zu bilden. Das eigentliche Werkzeug der Herrschaft konnte nur die Armee sein. Sie nun ließ sich eben nicht aus den gebildeten, maßvoll denkenden Elementen rekrutiren; die breiten Massen aber der unteren Volksklassen waren einerseits schon durch die Vermischung mit fremden Elementen entartet, andererseits unzuverlässig und zu Empörungen geneigt. So mußten schon die ersten Abbasiden darauf bedacht sein, nichtarabische Elemente heranzuziehen, und da die meisten Perser wegen ihrer schiitischen Neigungen erst recht unbrauchbar waren, so nahmen sie Türken und Berbern in ihre Dienste, deren Zahl schon unter Mamún's Nachfolger 70 000 betrug. Indeß, wie geistreich bemerkt worden ist, auf Bajonette kann man sich stützen, aber darauf sitzen kann man nicht: das mußten sich auch die Chalifen sagen, und zu rechter Zeit besannen sie sich, daß sie Beherrscher der Gläubigen waren. Bis Mamún hatten sie sich in ihrem Privat- und Hofleben nicht eben viel um die Religion bekümmert, obwohl sie es vermieden, den Gläubigen in der Weise offenen Anstoß zu geben, wie die Omaijaden dies gethan hatten. Und als bei dem raschen Aufblühen der höheren Studien auch die Theologie anfing, nach wissenschaftlicher Form zu ringen, hatten sie, besonders Mamún, eine freier gesinnte Richtung begünstigt, welche, zum Theil unter dem Einflusse griechischer Philosophie, die starren Lehrsätze des Korans umzudeuten und zu mildern suchte. Diese freiere Richtung war natürlich hauptsächlich unter den Gebildeten vertreten, während die Masse des Volkes an den altüberlieferten Sätzen hing. Um in der letzteren nun wieder neue Anhänglichkeit zu wecken, ging der dritte Nachfolger Mamún's, Mutawakkil (847—861), in das Lager der Orthodoxie über.

Daß es in der That nur Gründe politischer Natur gewesen sind, welche diesen Wechsel veranlaßt haben, ist aus dem Charakter des Mutawakkil ersichtlich. Er war trotz der von ihm geheuchelten Frömmigkeit eines der größten Scheusale in Menschengestalt, denen je ein Volk preisgegeben worden ist. Von seinen sonstigen Lastern nicht zu reden, war er von einer systematischen und geradezu wahnwitzigen Grausamkeit, die er mit Vorliebe grade an den besten und würdigsten Männern ausließ. Trotzdem ist er natürlich wegen seiner Begünstigung der orthodoxen Theologen von diesen aufs äußerste gelobt worden, und an ihm liegt es in der That nicht, wenn von den Freisinnigen überhaupt jemand übrig blieb. Gänzlich unverdient war freilich auch deren Schicksal nicht, denn als sie am Ruder waren, hatten sie sich auch nicht gerade durch Toleranz ausgezeichnet; indeß überschritt die Verfolgung, welcher sie jetzt anheim fielen, alle Begriffe, ja sie erstreckte sich selbst auf Männer von untadliger Bekenntnißtreue, sobald sie, wie gerade einige der besten und gelehrtesten thaten, in den widerwärtigen Hetzruf einzustimmen sich weigerten. Die Kraft der freisinnigen Richtung wurde gänzlich gebrochen und wenig später knüpfte ein begabter, zuerst selbst in der dialektischen Schule der Rationalisten aufgewachsener Dogmatiker, Al-Asch'ari, das scholastische Netz um die Glieder der muhammedanischen Völker, welches bis zum heutigen Tage jede selbständige Regung der Geister im Orient hindert.

Die Knebelung des geistigen Lebens eines ganzen Volkes ist denen, welche sie versucht oder durchgeführt haben, doch niemals zum dauernden Vortheil gewesen. Wohl jubelte die urtheilslose Menge der Verfolgung der Freisinnigen zu, aber eine zuverlässige Stütze für das Chalifenhaus wurde sie darum doch nicht, da die Geistlichkeit sich zurückhielt und die Selbstständigkeit ihrer Stellung wahrte. Die andere Maßregel aber, welche die Leiber hatte im Zaum halten sollen, erwies sich geradezu verderblich. Die fremden, besonders die türkischen Truppen wurden über die, welche sie zur Unterdrückung ihrer Unterthanen geworben hatten, allmälig die Herren, und von neuem wiederholte sich das Schauspiel, welches die Prätorianergarde der römischen Kaiser dem entsetzten, ohnmächtigen Volke dargeboten hatte. Militär- und Palastrevolutionen folgten in unglaublicher Schnelligkeit aufeinander, und fand sich einmal ein kräftiger Fürst, wie Mó'tadhid (892—902), der mit energischer Hand die Zügel wieder an sich riß und die empörten Sklavenhorden die Faust des Herrn fühlen ließ, so gaben schwächliche Nachfolger das kaum Gewonnene sofort von neuem Preis, und seit Muktadir (908—932) ist der Chalife fast nur noch Figurant in den Händen des jeweiligen Emir el omará („Emir der Emire", d. h. Generalissimus), wie von da ab der oberste Befehlshaber der Truppen genannt wird.

Während dem aber sind auch draußen die Kräfte der Zerstörung am Werk. Die alten Wühlereien der Aliden hatten während der abbassidischen Herrschaft fortgedauert und selbst in den besten Zeiten zu Aufständen, zum Theil bedenklicher Art, geführt; mit der zunehmenden Schwäche des Chalifats wuchs die Kraft der Bewegung, genährt vor allem durch den Unwillen des Volkes über die Ausschreitungen der Soldtruppen und ihrer selbstsüchtigen Führer, deren Streitigkeiten bald zu fortwährenden Kämpfen eines Statthalters, eines Generals gegen den andern wurden, und damit eine Provinz des Chalifates nach der Andern den Verwüstungen des Bürgerkrieges preisgaben. Kein Wunder, daß die gequälten, oft zur Verzweiflung gebrachten Unterthanen willig den gegen die unbrauchbaren Fürsten hetzenden Sendlingen ihr Ohr liehen und die geheime Propaganda sich in Provinzen verbreitete, welche an sich mit dem Schiitismus nichts zu schaffen hatten. Es würde zu weit führen, wollte ich eine auch nur skizzenhafte Darstellung der Entwickelung geben, durch welche diese geheime Propaganda zum Werkzeug einer Handvoll verwegener Abenteurer wurde. Es genügt anzudeuten, daß man ein förmliches System des Atheismus, fast möchte ich sagen Nihilismus, erfand, in welches mit wahrhaft teuflischer Berechnung und Menschenkenntniß solche, die nach Wahrheit suchten, stufenweise aufgenommen und durch welches allmälig Glauben und Ehre in ihnen erstickt wurde, bis sie ein willenloses Werkzeug in der Hand ihrer Verführer waren. Durch alle Provinzen erstreckten sich die Verbindungen der Ismaeliten — so nennt sich die schreckliche Secte — und gegen das Ende des neunten Jahrhunderts explotierte der Zündstoff, den sie überall hingetragen, an den verschiedensten Stellen des Reiches, am gefährlichsten in Nordarabien, von wo aus die Karmaten, eine von den Ismaeliten abgezweigte Secte, Jahrzehnte lang die benachbarten Provinzen auf das Furchtbarste verwüsteten, mehrfach, und einmal sehr ernstlich, die Hauptstadt selbst bedrohend. Und als endlich die Flamme sank, war ein Funke derselben auf dem Umwege über Südarabien nach Nordafrika gesprungen.

Ein ismaelitischer Emissär nämlich, welcher unter den aus aller Herrn Ländern zusammenströmenden Mekkapilgern ein paar Berbern kennen gelernt hatte, faßte den Plan, unter diesem für religiös-oppositionelle Bestrebungen von jeher zugänglichen, dabei äußerst leichtgläubigen Volke die ismaelitische Sache in Gang zu bringen. Als dies gelang, und ein Aufstand der Berbern gegen die im Namen der Abbassiden Nordafrika als erbliche Statthalter verwaltenden Aghlabiden rasch um sich griff, schlich sich eines der Häupter der Ismaeliten, Obeidallah, nach dem Schauplatze der Empörung durch und nahm, als nach manchen Wechselfällen der letzte Aghlabide die Flucht ergriffen hatte, Besitz von der Provinz. Er behauptete mit Recht oder Unrecht — wahrscheinlich das letztere — ein Nachkomme des Ali zu sein; als solchem gebührte ihm nach der schiitischen Lehre das Chalifat, welches die Abbassiden sich angemaßt, und so nahm er im Jahre 910 bei seinem feierlichen Einzug in die Hauptstadt Rakkáda (im jetzigen Tunesien) den Titel des Beherrschers der Gläubigen an — als dritter neben den Chalifen von Bagdad und von Córdova, der auf die höchste Würde des Islam Anspruch erhob. Mit ihm beginnt die Dynastie der Fatimiden, so genannt nach Muhammed's Tochter, Ali's Gemahlin Fátima, von welcher Obeidallah abzustammen behauptete.

Obeidallah führte natürlich sofort die schiitische Lehre

in seinem neugegründeten Reiche ein; mehr noch war er indeß von Anfang an bedacht, seine Herrschaft auszubreiten. Nach wiederholten vergeblichen Versuchen gelang es seinem Sohne Mu'izz in der That, Aegypten zu erobern (970), das in den Händen der selbständig gewordenen, obwohl im Namen der Abbassiden regierenden Jchschibiden sich befand, und welches von nun an den Kern des Fatimidenreiches bildete: die bald darauf gelungene Eroberung Syriens führte doch nur zu einem vielfach gestörten und unsicheren Besitze dieser vielumworbenen Provinz, auch bevor die Kreuzfahrer sie 1099 fast vollständig eroberten. Als Herrscher von Aegypten, welches zweihundert Jahre unter ihrem Scepter blieb, interessiren uns demgemäß die Fatimiden hauptsächlich, und interessant ist die Geschichte ihrer Regierungszeit allerdings in hohem Grade. Freilich ist es sehr schwer, sich von derselben ein richtiges Bild zu schaffen, da die morgenländischen Historiker, fast ausschließlich Feinde der Schiiten, ihnen alles mögliche Schlechte nachsagen. Wie wenig man diesen Berichten trauen darf, ergiebt sich aus der sicheren Thatsache, daß seit der Eroberung unter Omar Aegypten niemals sich eines solchen Gedeihens erfreut hat, als unter diesem vielgeschmähten Fürstengeschlechte. Eins freilich, was dem Lande zu besonderem Segen gereichte, war von der Sinnesart der Fürsten unabhängig: nach schiitischer Lehre kann die Herrschaft legitim nur von Vater auf Sohn fortgepflanzt werden, es entfiel also für das Fatimidenhaus jene Veranlassung zu fortwährenden Thronstreitigkeiten und Usurpationen, welche in den übrigen islamischen Dynastien so verderblich wirkte; und wenn auch während der Regentschaften von Frauen und Wesiren, welche mehrfach wegen der Unmündigkeit der zur Thronfolge gelangenden Chalifensöhne nothwendig wurden, mancherlei Unordnungen vorgekommen sind, so schaffte sich der junge Chalife doch gewöhnlich, sobald er zu Verstande kam, die unbequemen Vormünder schleunigst vom Halse und ergriff selbst die Zügel der Herrschaft. Im Volke wurzelte allerdings die Dynastie auch nicht, und als sie später degenerirte, ging das Fatimidenchalifat durch die Reibungen zwischen den fremden Truppen — Berbern, Türken, Negern — und zwischen den ehrgeizigen Wesiren, welche sich derselben zu bedienen suchten, zu Grunde; aber bis das geschah, wurde Aegypten zum ersten Male seit tausend Jahren wieder für die Aegypter, nicht für die Römer, Griechen oder Araber verwaltet, und konnten die reichen Hilfsquellen des Landes ihm selbst zu Gute kommen. Kein Wunder, daß der Wohlstand der Bewohner rasch zunahm, obwohl die anfängliche Sorgfalt in der Finanzverwaltung nicht lange vorhielt, und bald mancherlei Erpressungen den Aufschwung schädigten. Aber auch positive Maßregeln, welche dem Wohl des Landes dienen, werden von den Geschichtsschreibern, fast möchte man sagen, wider Willen, berichtet: von Mu'izz an, der das jetzige Kairo neben dem alten Fostát (Altkairo) baute, wurden mancherlei öffentliche Bauten ausgeführt. Für die Bildung des Volkes sorgte der verschriene Hákim durch Gründung einer Art Akademie, der Hof der Weisheit genannt; und obwohl die Fatimiden natürlich auch hier die schiitische Lehre zum Staatsdogma erklären mußten, so wurden die Dissidenten doch meistentheils nicht erheblich belästigt.

Unter den Fürsten der auf so eigenthümliche Weise zur höchsten Würde des Islam emporgestiegenen Familie befindet sich eine der merkwürdigsten und räthselhaftesten Erscheinungen der Geschichte — der eben erwähnte Hákim (996—1021). Was von ihm berichtet wird, ist ein Gemisch von vortrefflichen Einrichtungen und Maßregeln, aus denen ein ernstes Herrscherbestreben hervorgeht, und von Anordnungen, die den Einfällen eines Verrückten gleichen. Bei der angedeuteten Schwierigkeit, die Berichte der Geschichtsschreiber richtig zu würdigen, wird man von den letzteren manches in Abzug bringen müssen; trotzdem bleibt genug Unverständliches zurück. Er war jedenfalls ein Mann von großer religiöser Erregtheit und allerhand mystischen Ideen zugänglich; schließlich gestattete er, den extremsten Schiiten sein Ohr leihend, daß einige dieser Fanatiker ihn für eine Incarnation der Gottheit erklärten. Dem Unwillen des ohnehin nicht sehr schiitisch gesinnten Volkes weichend, mußte er sie fallen lassen: aber durch einen derselben hängt der wunderliche Mann noch mit der Gegenwart zusammen — es ist El-Darazī, dem er zur Flucht nach Syrien verhalf, wo er die nach seinem Namen benannte Sekte der Drusen stiftete.

Eigenthümlich und räthselhaft, wie das Leben, war auch das Ende des seltsamen Monarchen: von einem der nächtlichen Ritte, die er allein zu unternehmen pflegte, um ungestört sich astrologischen Speculationen hingeben zu können, ist er nicht zurückgekehrt; wahrscheinlich haben ihn Verschworene überfallen und ermordet. Seine Nachkommen scheinen von seinem Charakter nichts geerbt zu haben; die späteren kamen zwischen ihren Wesiren, den Kreuzfahrern und den von Nordsyrien aus zwischen beiden intervenirenden türkischen und kurdischen Emiren ins Gedränge. Der letzte, Adhid, mußte die Leitung des Staates dem kurdischen Heerführer Schirkūh als Wesir überlassen; dessen Neffe und Nachfolger schob 1171 den unbedeutenden Chalifen bei Seite und ergriff selbst mit starker Hand das Steuer des Staates: es war der große Saláh ebdin, als Saladdin der gehaßte und bewunderte Feind der Kreuzritter, der Wiedereroberer Jerusalems.

Gingen die Verwicklungen und Neubildungen, welche schließlich mit der Erhebung der Fatimiden eine ungeahnte Wendung nahmen, auch aus der schiitischen Bewegung hervor, so hatten sie doch mit den ursprünglichen Ursachen und Zielen derselben nichts mehr zu thun. Aber der Hauptgrund der Entstehung des Schiitismus, die Reaction des persischen Nationalgefühls gegen das Araberthum, wirkte daneben unverändert weiter. Je schwächer der Arm des abbassidischen Chalifen wurde, je weniger er zwischen dem Aufruhr draußen und der Meuterei der türkischen Garde drinnen aufzukommen vermochte, um so weniger konnte er daran denken, auch nur die Provinzen des Ostens im Zaum zu halten. So beginnt denn ein Gebiet nach dem andern sich selbständig zu machen, indem die Statthalter der einzelnen Länder nach und nach die Autorität des Chalifen abstreifen und ihn endlich nur noch nominell als Oberhaupt anerkennen. Es ist dies ein langwieriger Entwicklungsprozeß, den hier im Einzelnen zu verfolgen wir natürlich außer Stande sind. Eine der aus ihm hervorgehenden persischen Dynastien, die der Bujiden (richtiger Buweihiden) entkleidete endlich den Chalifen Mustákfi, nachdem sie den Rest seiner Truppen geschlagen und seinen Emir alomará beseitigt, gänzlich der weltlichen Macht; sie regierten als erbliche Emire alomará, unter Annahme des Titels von Sultanen selbständig weiter, während dem Chalifen nur die Würde eines geistlichen Oberhauptes, aber ohne selbständigen Einfluß, sowie auch noch für eine Weile die Erwähnung ihres Namens auf den Münzen blieb; mit bitterem Spott sagte das Volk seitdem von einem, der gar zu bescheidene Ansprüche machte: „Er begnügt sich mit der Münze und der Predigt."

So war das Chalifat zu einem bloßen Namen geworden. Es hat kein Interesse, das würdelose Dasein zu schildern, welches die Nachkommen Manssúr's, Harún's und Ma'mún's noch drei Jahrhunderte lang unter der wechselnden Herrschaft persischer und türkischer Emire und Sultane führten, die ihnen später die Regierung in Bagdad und Umgegend wieder überließen. Der Mongolensturm fegte im Jahre 1258 auch diesen letzten Rest der alten Herrlichkeit hinweg; am 11. Februar des genannten Jahres starb Almustássim auf Befehl des Mongolenkaisers Hul unter Henkershand, wie ihm gebührte, nachdem er nicht einmal die Energie gefunden, die fünfhundertjährige Residenz seines Hauses einigermaßen ernstlich zu vertheidigen. Der einst so leuchtende Stern der Chalifen von Bagdad verlischt, wie ein Irrlicht im Sumpfe.

Einigen Prinzen des abbassidischen Hauses glückte es nach Aegypten zu entkommen, wo der Mamlukensultan Beibars 1261 einen von ihnen unter dem Namen El-Mustánssir auf den nachgemachten Thron eines Beherrschers der Gläubigen setzte, damit die Fortführung der die eine Hälfte des Chalifenamtes darstellenden geistlichen Würde der weltlichen Herrschaft der Mamluken einen Schein von Legitimität gebe, ungefähr wie Napoleon I. sich von Pius VII. salben ließ, ehe er sich die Krone aufsetzte. In dieser ehrenvollen Stellung blieben die letzten Abbassiden, bis 1517 die Türken Aegypten eroberten und die gerade dasitzende Chalifenpuppe nach Constantinopel mitnahmen. Seitdem führen die türkischen Sultane den Titel von Chalifen, und daß es noch heute nicht ganz ohne Werth ist, sich Beherrscher der Gläubigen nennen zu dürfen, haben manche Vorgänge der neuesten Geschichte gezeigt. Es ist eben das Chalifat nicht nur eine historische Erscheinung, sondern, wie ein geistvoller Historiker es mit Recht aufgefaßt hat, es ist eine Idee: die Idee der in einer Hand vereinigten geistlichen und weltlichen Macht, ohne welche wenigstens der Islam, den Muhammed gegründet, nicht bestehen kann. Die Verkörperung dieser Idee ist im Orient schließlich gescheitert an den nationalen und religiösen Gegensätzen, an dem Mangel einer festen Thronfolgeordnung und an dem Fluch, der seit der Ermordung Othmán's und Alí's an der Würde haftet, welche bestimmt war die Gläubigen zu einen, nicht zu entzweien: aber die Macht dieser Idee wirkt in jedem muhammedanischen Lande weiter, und die Zukunft wird vielleicht mehr als einmal Europa beweisen, daß es noch immer nicht aus ist mit den Beherrschern der Gläubigen.

Anmerkungen.

1) G. Weil, Geschichte der Chalifen. Bd. 1—3. Mannheim, 1846—51. Bd. 4, 5. Stuttgart, 1860—62. 8. — R. Dozy, Het Islamisme. Haarlem 1863. Gr. 8. (2. druk 1882; französisch von Chauvin, Leyden 1879. 8.). — Alfred von Kremer, Geschichte der herrschenden Ideen des Islams. Leipzig, 1868. 8. — Derselbe, Culturgeschichte des Orients unter den Chalifen. 2 Bde. Wien, 1875—77. 8. — Derselbe, Culturgeschichtliche Streifzüge auf dem Gebiete des Islams. Leipzig, 1873. 8. — R. Dozy, Histoire des Musulmans d'Espagne jusqu'à la conquête de l'Andalousie par les Almoravides (711—1110). 4 tomes. Leyde, 1861. 8. (2e éd. 1881.) — Adolph Friedrich von Schack, Poesie und Kunst der Araber in Spanien und Sicilien. 2 Bde. Berlin, 1865. 8. — F. Wüstenfeld, Geschichte der Fatimiden-Chalifen. Nach arabischen Quellen. Göttingen, 1881. 4. — Wilhelm Spitta, Zur Geschichte Abu'l Hasan Al-Asch'ari's. Leipzig, 1876. 8. — Sir William Muir, The Early Caliphate. (The Rede Lecture, 1881). Cambridge. 8.

2) Dagegen ist die Erzählung von der Verbrennung der alexandrinischen Bibliothek durch die Muslime unter Omar im Jahre 641 als unwahr nachgewiesen — so ungebildet die ersten Muhammedaner auch waren, haben sie doch gegen religiös indifferente Bücher niemals Krieg geführt. Daß überhaupt während des Mittelalters die Muslime nicht nur an Civilisation, sondern auch an Menschlichkeit den Christen voranstanden, hat v. Schack in seinem ebenso geschmackvollen und gelehrten als leider wenig gelesenen Werke über die Poesie und Kunst der Araber in Spanien für jeden Unbefangenen überzeugend dargethan; s. daselbst I, S. 67; II, 310 f.; 320—322.

Die gesunde Wohnung.

Von

Dr. M. Alsberg
in Cassel.

Berlin SW., 1882.
Verlag von Carl Habel.
(C. G. Lüderitz'sche Verlagsbuchhandlung.)
33. Wilhelm-Straße 33.

Das Recht der Uebersetzung in fremde Sprachen wird vorbehalten.

Wer jemals die alten Quartiere unserer aus dem Mittelalter stammenden Städte — Städte wie: Nürnberg, Mainz, Straßburg u. A. — durchwandert, wer jenes Gewirr von Gäßchen, in die kaum zur Mittagszeit ein Sonnenstrahl eindringt, jene mit hochragenden Giebeln und vorspringenden Erkern verzierten Gebäude mit ihren engen niedrigen Gemächern kennen gelernt hat, der wird sich verwundert die Frage vorlegen: Wie ist es möglich, daß unsere Vorfahren in solchen von der Luft und vom Licht abgeschlossenen Räumen unbeschadet ihrer Gesundheit leben konnten? — In der That berichtet denn auch die Geschichte von Seuchen, die wie der „schwarze Tod" zu Kaiser Karl's IV. Zeiten einen großen Theil der Bevölkerung Europa's dahinrafften und wenn trotz des Mangels aller Einrichtungen, die wir gegenwärtig für die Gesundheitspflege als unentbehrlich betrachten, ein kräftiges Geschlecht in unseren alten Deutschen Städten heranwuchs, so erklärt sich dies durch jenes von Darwin aufgefundene Gesetz, demzufolge die Schwächlichen, zum Widerstand gegen solche Schädlichkeiten Ungeeigneten meist früh dahinstarben und nur die mit einer kräftigen Constitution Begabten am Leben blieben und sich mit der dem Menschengeschlecht eigenthümlichen Accomodationsfähigkeit ungünstigen Lebensbedingungen anpaßten.

Die Wohnung liefert im Allgemeinen den Gradmesser für die Civilisation eines Volkes. Von der Kindheit des Menschengeschlechts an bis auf den heutigen Tag ist ein steter Fortschritt in den Bedürfnissen, Ansprüchen und dem Geschmacke der Menschheit und dem entsprechend in der Einrichtung der Wohnungen zu bemerken — ein Fortschritt, der allerdings durch kulturfeindliche Einflüsse hier und da gehemmt wurde. Als ein solcher kulturfeindlicher Einfluß muß z. B. die während des Mittelalters herrschende Unsicherheit bezeichnet werden, welche den Bürger veranlaßte in den befestigten Städten und hinter engen Festungsmauern sich niederzulassen und auf einem Platze, der kaum Hunderten genügenden Platz bot, zu Tausenden zu wohnen. — Die ersten uns bekannten Menschen, deren Ueberreste unter Kiesanschwemmungen des älteren Diluviums oder in Höhlen zusammen mit den Knochen des Mammuth, Rhinoceros, des Höhlenbären, der Hyäne u. s. w. angetroffen wurden, kannten noch keine anderen Geräthschaften als roh zugehauene Steinsplitter und Steinmesser, zugespitzte Thierknochen, Geweihe, Baumäste u. dergl. m. und dem entsprechend ist ihnen die Kunst eigene Hütten zu bauen wohl fremd geblieben. Es müssen ihnen viel mehr die bereits erwähnten Höhlen und Erdlöcher, aus denen sie einzelne der soeben erwähnten Thiere vertrieben hatten, zum Schutze gegen die Unbilden der Witterung gedient haben. Ein bedeutender Fortschritt in der menschlichen Cultur war jedenfalls erst dann zu verzeichnen, als geglättete und vervollkommnete Steinwerkzeuge den Menschen in den Stand setzten, Bäume zu fällen und zu behauen, Hütten entweder auf dem Lande oder — wie uns dies die Pfahlbauten der Schweizer Seen in anschaulichster Weise vor Augen führen — zum Schutze gegen feindliche Ueberfälle auf in den Seeboden hineingetriebenen, vom Wasser umgebenen Pfahlrosten zu errichten. — Die Völker des Alterthums, von deren Wohnhäusern uns theils Abbildungen, theils Beschreibungen überliefert sind, stehen, was Zweckmäßigkeit und Gesundheit der Wohnungen anlangt, zum Theil schon

auf sehr hoher Stufe. So wurden z. B. in Aegypten, von dessen Wundern uns der alte Herodot nicht genug zu erzählen weiß, nicht nur die gewaltigen Bauten der Pyramiden, imposante Tempel und herrliche Paläste, sondern auch bequeme, wohl ventilirte Wohnhäuser errichtet. Dieselben waren meist aus Holz hergestellt und bestanden aus mehreren Stockwerken, deren oberstes eine von Säulen getragene offene Gallerie bildete. Letztere diente gewöhnlich als Schlafstätte, auch muß die Aussicht auf das fruchtbare Nilthal, die man von hier aus genoß, dem Aufenthalt daselbst einen besonderen Reiz verliehen haben.[1]
Die babylonischen Häuser, von denen uns alte Wandgemälde einen Begriff geben, waren zwar meistens klein, zeichneten sich aber durch kuppelförmige, gewölbte Dächer aus, eine Construction, die noch heutzutage im Orient üblich ist und in einem heißen Klima große Vortheile bietet. Von den Wohnhäusern der Griechen und Römer hat uns Vitruvius in seinem bekannten Werke: de architectura eine genaue Beschreibung geliefert, auch können wir, wenn wir hinabsteigen in das ausgegrabene Pompeji uns noch jetzt einen persönlichen Einblick in die Einrichtung des griechisch-römischen Hauses im ersten Jahrhundert n. Chr. verschaffen. — Ein eigenthümliches Gepräge erhalten diese Wohnungen dadurch, daß sie ihre nackte, von Fenstern nicht durchbrochene Wand der Straße zukehren, und daß das ganze Gebäude sich um die beiden inneren Höfe — von denen der vordere der Straße zunächst gelegene für den Geschäftsbetrieb und Fremdenverkehr, der hintere, das eigentliche Sanctuarium der Familie, für Frauen und Kinder bestimmt war — gruppirte. Wenn auch viele der in pompejanischen Häusern sich befindenden Räume, insbesondere die Zimmer in den Wohnungen der Aermeren nur enge Zellen darstellen, so war das ein Umstand, der nicht sehr schwer in's Gewicht fallen konnte, da der

römische Städtebewohner einen großen Theil des Tages auf dem Forum, in den Straßen oder in den öffentlichen Bädern zubrachte. — Anderseits wurden aber auch die bereits erwähnten Höfe, über die man zum Schutze gegen die Sonnengluth eine Decke ausspannte, wo Springbrunnen Kühlung verbreiteten, und die daran stoßenden Säulenhallen, wo Luft und Licht, die Grundbedingungen menschlichen Wohlbefindens, in reichstem Maaße vorhanden waren, als Wohnräume benutzt. Auch fehlte es im Hause des wohlhabenden Römers niemals an geräumigen luftigen Gemächern' die für den gemeinschaftlichen Gebrauch bestimmt, und mit den herrlichsten Erzeugnissen griechischer und römischer Kunst, mit werthvollen Bildwerken, herrlichen Mosaikfußböden und Frescomalereien auf's Geschmackvollste verziert waren. Hierzu kommt endlich noch, daß die römischen Häuser mit besonderen Abzugskanälen und allem Anscheine nach auch mit eigener Wasserleitung versehen waren.[3])

So waren also die römischen Häuser vor 1800 Jahren beschaffen. Ob wir Deutsche des neunzehnten Jahrhunderts, was Anlage und Einrichtung unserer Häuser anlangt, von dem Römer nicht mancherlei lernen können, das wird sich aus den nachfolgenden Betrachtungen ergeben. Gerade in einem Klima wie das unsrige, wo der Mensch einen großen Theil seiner Zeit in seinem Hause uzubringen genöthigt ist, hat die Wohnung einen großen Einfluß auf die physische, moralische und soziale Beschaffenheit eines Volkes. — Welcher von meinen Lesern hätte nicht schon den Zauber empfunden, den ein gesundes trauliches Heim auf einen Jeden ausübt? — Wer fühlte sich nicht behaglich in sonnerhellten luftigen Räumen, wo gesunde, heitere Menschen den Eintretenden begrüßen, wo der Familienvater nach des Tages Last und Mühe Abends im Kreise der Seinigen ausruht? Und wie viele Tausende werden nicht anderseits durch den

Mangel an einem solchen gesunden und traulichen Heim — (die Begriffe der Traulichkeit und Gesundheit eines Hauses sind bis zu gewissem Grade untrennbar) — in die Schenken und Kneipen getrieben, wo so mancher sauer erworbene Sparpfennig beim Zechgelage und Kartenspiel verpraßt und nicht selten zu physischem und moralischem Verfall der Grund gelegt wird, während durch die häufige Abwesenheit des Mannes vom Hause die Familienbande immer mehr gelockert werden. Wahrlich es ist kein zufälliges Zusammentreffen, daß gerade der Engländer — bei dem man häufiger als bei anderen Völkern Europas gesunde Wohnungen antrifft und der den Begriff einer bequemen häuslichen Einrichtung in dem Worte „Comfort" eigentlich erst geschaffen — daß gerade der Angelsachse sich im Allgemeinen durch seine vortrefflichen Eigenschaften als guter Familienvater und häuslicher Ehegatte auszeichnet. Wahrlich wer in dieser Beziehung veredelnd auf das Volk einwirken will, der strebe dahin, auch dem weniger Bemittelten eine gesunde und freundliche Wohnung zu verschaffen — eine Wohnung, die geeignet ist, den Sinn für das Familienleben in ihm zu erwecken und ihn auch Abends im Kreise der Seinigen festzuhalten. —

Wie ist denn aber die gesunde Wohnung beschaffen, von der ich soeben sagte, daß sie für das physische, sittliche und soziale Gedeihen eines Volkes von außerordentlicher Bedeutung ist? — Um klar zu machen, welche Anforderungen man an eine gesunde Wohnung zu stellen berechtigt ist, will ich annehmen, einer meiner Leser wäre in der Lage, sich ein Haus zu erbauen und wir wollen nun über die Erwerbung eines geeigneten Bauplatzes, über die Wahl der Baumaterialien, sowie über die gesammte Einrichtung des Hauses uns gemeinschaftlich berathen. — Was den zuerst erwähnten Punkt, die Auswahl des Grundstücks, auf dem wir unser Haus errichten, anlangt, so dürfte unter sonst gleichen Umständen ein möglichst frei- und hochgelegenes Terrain — vorausgesetzt daß dasselbe gewissen athmosphärischen Einflüssen so z. B. den rauhen Nordostwinden nicht allzusehr exponirt ist — wohl den Vorzug verdienen. Schon der Altmeister der Heilkunst, der Grieche Hippokrates hat bemerkt, daß die erhöhte Lage für Wohnungen vortheilhafter sei, als die tiefe und die zuvor erwähnten Häuser der in Flußthälern oder Niederungen wohnenden Babylonier wurden aus diesem Grunde in der Regel auf aufgeschüttetem Grunde errichtet. Ganz abgesehen von der größeren Reinheit und vermehrten Bewegung der Luft auf erhöhtem Terrain und der erleichterten Ventilation hochgelegener Wohnungen sind es vor allem die Bodenverhältnisse, welche eine solche Lage als vortheilhaft erscheinen lassen. Daß die Gesundheit des Menschen durch die Trockenheit und Reinheit des Erdbodens, auf dem er sich ansiedelt, in hohem Grade beeinflußt wird, daß auf feuchtem Boden errichtete Häuser nur allzu oft vom Wechselfieber und anderen Krankheiten heimgesucht werden, ist eine seit Jahrtausenden bekannte Thatsache. Hat doch schon der Römer Vitruvius gesagt: bei dem Bau eines Hauses sei die Grundbedingung eine gesunde Baustelle zu wählen (primum electio loci saluberrimi). Andererseits liegt es auf der Hand, daß in erhöhter Lage in Folge des rascheren Wasserabflusses der Boden sich in der Regel trockener und reiner erhalten wird. — Mit den soeben Gesagten ist die Bedeutung des Erdbodens für die Gesundheit der auf ihm stehenden Wohnungen jedoch keineswegs erschöpft; die neuere Forschung lehrt uns vielmehr, daß außer dem bereits erwähnten Wechselfieber (malaria), das in der Regel einen schleppenden Verlauf nimmt, viele der das menschliche Leben aufs Höchste bedrohenden, rapid verlaufenden Krankheiten — in unserem Klima vor Allem Typhus und Cholera, im Orient außerdem noch die Pest und in Amerika das gelbe

Fieber — durch gewiße dem Erdboden entsteigende Miasmen hervorgerufen werden. Von diesen Miasmen nimmt man gewöhnlich an, daß sie aus winzigen, nur mit Hülfe des Mikroskops sichtbaren Pilzen (Bacterien) bestehen, welche sich in den vom unterirdischen Sumpfe des Grundwassers bespülten Bodenschichten bilden. Auch ist durch die Untersuchungen Pettenkofer's und anderer Forscher als unzweifelhaft festgestellt, daß das Erscheinen der soeben erwähnten Epidemien — resp. der Zeitpunkt, wo dieselben mit vermehrter Heftigkeit auftreten — mit dem Sinken des Grundwasserstandes zusammenfällt oder, genauer gesagt, unmittelbar auf letzteres folgt, was wohl dahin zu erklären ist, daß die soeben erwähnten Miasmenpilze nach dem durch Sinken des Grundwasserspiegels hervorgerufenen Austrocknen der Bodenschichten, in welchen sie entstehen, nicht länger den Bodenpartikelchen anhaften und nun durch die im Erdboden vorherrschenden Luftströmungen zur Erdoberfläche emporgehoben und menschlichen Wohnungen zugeführt werden. Letztere sind um so mehr bedroht, als sie mit ihrer durch die Heizung erwärmten und in Folge dessen aufsteigenden Luft — (im Winter und während der Nacht ist die Luft innerhalb der Häuser regelmäßig wärmer als außerhalb derselben) — wie Zugkamine wirken und die Luft aus dem Erdboden in sich hinein saugen. Auch wird das Eindringen der Bodenluft in die Häuser dadurch begünstigt, daß auf den Straßen, Plätzen und Höfen das Pflaster und der festgetretene Fußboden ihrem Entweichen in der Regel ein Hinderniß entgegenstellen und dieselbe somit genöthigt ist, sich in dem Fundament der Häuser einen Ausgang zu suchen, so daß sie nun in unsere Wohnungen emporbringt und diese mit ihren Krankheitskeimen (Miasmen) vergiftet. Daß gegen die Infizirung mit Miasmen die hohe Lage eines Hauses bis zu gewissem Grade schützt, unterliegt keinem Zweifel. Dies hat man beispielsweise in München beobachtet, wo als zweifellos constatirt wurde, daß beim Ausbruch des Typhus in dieser Stadt von den Kasernen der Isarresidenz die am tiefsten, dem Grundwasserspiegel zunächst gelegenen regelmäßig zuerst ergriffen werden und die Mortalität dort die höchste Ziffer erreicht, während die Epidemie sich erst später auf die höher gelegenen Kasernen verbreitet und dort gewöhnlich in milderer Form erscheint.[3] — Daß aber bei dem Auftreten verheerender Seuchen noch andere Factoren mitwirken, können wir daraus schließen, daß gewisse Städte und Ortschaften von Typhus und Cholera regelmäßig und mit größter Heftigkeit heimgesucht werden, daß innerhalb dieser Städte gewisse Stadttheile oder Häusercomplexe den eigentlichen Heerd des Seuchenausbruches darstellen, daß dagegen andere Städte wie Lyon, Göttingen, Salzburg u. s. w. von der Cholera regelmäßig verschont blieben zu einer Zeit, wo diese Seuche in benachbarten Städten zahlreiche Opfer forderte und während zwischen den von der Cholera heimgesuchten und den cholerafreien Städten ein ununterbrochener Verkehr bestand; ferner aus der Thatsache, daß in München während wiederholter Typhusepidemien in gewissen Gebäuden trotz des ungehemmten Verkehrs der Bewohner mit Typhuskranken nicht ein einziger Erkrankungsfall vorkam[4]), daß in der Infanteriekaserne zu Würzburg bei völliger Gleichheit der Lebensweise, dem Gebrauche desselben Trinkwassers, bei gleicher Anlage und Beschaffenheit der Aborte und bei fortwährendem Verkehr der Kasernenbewohner unter einander doch nur in dem einen Flügel des Kasernengebäudes Typhusfälle auftraten, während der andere Flügel völlig verschont blieb[5]) u. s. w. u. s. w. Die zuletzt erwähnten Thatsachen sind ein schlagender Beweis dafür, daß außer der Entfernung vom Grundwasserspiegel noch andere lokale Bedingungen und zwar die physikalische Beschaffenheit des Erdbodens selbst mit in Betracht kommen. Die zuvor erwähnten Bodenmiasmen vermögen eben nur durch poröse, für Luft durchgängige Bodenschichten zur Erdoberfläche emporzubringen, während compacte Fels- und Erdmassen, so z. B. eine nur wenige Fuß dicke, dichte Lehmschicht, einen vortrefflichen Schutz gegen die Miasmen des Erdbodens liefert. — Andererseits ist es schon öfters vorgekommen, daß die im Uebrigen nach sanitären Grundsätzen eingerichtete Wohnung des Reichen von Cholera oder Typhus heimgesucht wurde, während das unmittelbar daran- stoßende Häuschen des Armen verschont blieb — eine Thatsache, die leicht zu erklären ist, wenn man bedenkt, daß die tiefhinab- reichenden Fundamente des herrschaftlichen Hauses nicht selten die gegen Miasmen Schutz verleihende Lehmschicht durchbrechen, und somit diesen schädlichen Einflüssen Thor und Thür öffnen, während bei leichter construirten Häusern die Fundamente oberflächlicher zu liegen kommen und somit die schützende Erddecke erhalten bleibt. —

Aus dem Gesagten geht hervor, daß die größere o geringere Dichtigkeit des Erdbodens an der Stelle, wo wir unser Haus errichten und die Art und Weise der Fundamentirung des Gebäudes für die Gesundheit unserer Wohnung ein Umstand von großer Bedeutung ist. Da wo eine für Miasmen undurch- dringliche Erdschicht bereits vorhanden ist, wird es sich darum handeln, dieselbe wo möglich intact zu erhalten; wo eine solche aber nicht vorhanden oder wo die Erhaltung derselben aus technischen Gründen unmöglich ist, empfiehlt es sich, dieselbe durch eine Betonlage, welche unter dem Fundamente des Hauses zu liegen kommt und die zugleich den Boden des Kellers überzieht — (wie man solche neuerdings in einzelnen vom Typhus heim- gesuchten bairischen Kasernen angebracht hat[6]) — zu ersetzen oder nach Nägeli's[7] Vorschlag den Bodenabschluß durch eine mehrere

Zoll dicke aus Lehm und Häcksel bestehende Schicht, die auf einer dünnen horizontalen Mauer zu liegen kommt und von Zeit zu Zeit befeuchtet werden muß, zu bewirken. Jedenfalls ist die bisherige Bauart, bei der die Häuser gewissermaßen baarfuß auf den nackten Erdboden gestellt werden, überall zu verwerfen, wo nicht unser Wohnhaus auf einer für Miasmen undurchdringlichen, von den Fundamenden des Gebäudes undurchbrochenen Erdschicht zu stehen kommt.

Einer oder der Andere meiner Leser könnte vielleicht geneigt sein, das Emporsteigen der Bodenluft in das Innere der Häuser zu bezweifeln; aber ganz abgesehen davon, daß dasselbe bei gewissen Veränderungen des Luftdruckes und der Temperatur — (so z. B. wenn sich die Temperatur der oberflächlichen Bodenschichten abkühlt, wodurch ein Aufsteigen der wärmeren Luft tieferer Bodenschichten veranlaßt wird) — nach physikalischen Gesetzen nothwendig erfolgen muß, wurde dieses Aufsteigen der Bodenluft direct beobachtet. So haben z. B. Leuchtgasvergiftungen in Häusern stattgefunden, in denen Gasröhren oder Gasanlagen gar nicht vorhanden waren. In den Leitungen benachbarter Straßendämme war aber zur Winterszeit ein Gasröhrenbruch eingetreten und das mit der Bodenluft vermischte Gas, welches direct nach oben durch das Straßenpflaster und den hartgefrorenen Boden nicht entweichen konnte, breitete sich nun unter der Erde aus, bis es in dem Fundamente benachbarter Häuser — in einem Falle 30 Meter von der Bruchstelle entfernt — einen Ausweg zur Erdoberfläche fand. — Die Bedeutung des Bodenabschlusses für die Gesundheit der Wohnungen wird aufs Deutlichste illustrirt durch eine Choleraepidemie, die vor einigen Jahren auf dem Gute des Herrn von Winter in der Nähe von Danzig ausbrach und über die uns Prof. Hirsch berichtet hat. Auf dem besagten Gute befanden sich 9 Häuser, nämlich: 7 aus Fachwerk mit Backsteinfütterung neuerbaute, mit Kellern und gedieltem Parterregeschoß versehene, vollkommen trockene Gebäude und 2 alte Lehmkathen mit niedrigen Wohnräumen, ohne Keller, die Stuben nicht gedielt, sondern mit einem Lehmestrich versehen. Durch eine von der Straße aufgehobene, an der Cholera erkrankte Frau wurde nun diese Seuche auf das Gehöft verschleppt; während aber in den Häusern moderner Construction zahlreiche Erkrankungs- und 17 Todesfälle vorkamen, ist in den beiden alten Wohnungen, von denen man von vornherein annehmen sollte, daß sie in sanitärer Beziehung viel ungünstiger situirt seien, deren Bewohner in ihrer Lebens-, Erwerb- und Nahrungsweise sich durch nichts von den übrigen Bewohnern des Gutes unterschieden, nicht ein einziger Erkrankungsfall vorgekommen. Der Bodenabschluß, den die alten Häuser in ihrem Lehmestrich besaßen, hatte offenbar die Insassen gegen den Einfluß der Miasmen geschützt und dadurch jene Durchseuchung, welche nach der gewöhnlichen Anschauung der Choleraansteckung vorausgehen muß, unmöglich gemacht. Damit stimmt denn auch die Beobachtung des russischen Chirurgen Pirogoff überein, der auf seinem Landgute in Podolien mehrere hundert Operationen ausführte und im Gegensatz zu den von ihm in den Hospitälern und fliegenden Feldlazarethen gemachten Erfahrungen keinen einzigen Operirten an Wundkrankheiten verlor. Der Lehmestrich der elenden, aus Reisig, Holz und Thon zusammengefügten, kleinrussischen Bauernhütten, in welchen die Operirten lagen, hatte auch hier Schutz gegen die Bodenmiasmen verliehen und dadurch den außergewöhnlich günstigen Ausgang der Operationen bewirkt.[8])

Nachdem wir die Wahl des Bauterrains, die Wichtigkeit der Bodenbeschaffenheit und des Bodenabschlusses erörtert haben, wäre als nächster Punkt bei der Schilderung des nach gesundheitlichen Principien zu errichtenden Hauses die Wahl der Baumaterialien ins Auge zu fassen. Man bedient sich zum Häuserbau bekanntlich sehr verschiedener Stoffe. Ganz abgesehen von Holz, aus dem man provisorische Gebäude herstellt, werden in sehr armen oder uncivilisirten Gegenden Lehm- und Kothziegel, von wohlhabenderen Volksklassen — insbesondere in Deutschland, England und Holland — gebrannte Ziegel, in Paris vorwiegend Sandstein, in Italien häufig Kalkstein, hier und da wohl auch Marmor, in vulkanischen Gegenden Lava und Tuffgesteine, ferner auch Aschenziegel, gegossener Cement, Cementgries u. dergl. mehr zum Häuserbau benutzt. Als wesentlichste Eigenschaft eines jeden guten Baumaterials ist dessen Porosität zu betrachten, wodurch die Ventilation der Wohnräume in hohem Grade beeinflußt wird. Indem wir uns innerhalb unserer Wohnungen gegen die Unbilden der Witterung schützen, schließen wir uns bis zu gewissem Grade gegen die Außenluft ab. Wir leben und athmen in einem Raum, in welchem ebensowohl durch den Athmungsproceß wie durch die Heizung und Beleuchtung fortwährend Sauerstoff verbraucht und Kohlensäure erzeugt wird. Da letztere überall, wo sie in größeren Mengen vorhanden ist, höchst nachtheilig auf den menschlichen Organismus einwirkt, so handelt es sich darum, die Luft unserer Wohnräume fortwährend zu erneuern. Diese Lufterneuerung wird aber durch Ventilationseinrichtungen häufig nur in unvollkommener Weise bewirkt; auch geht es im Winter der Kälte wegen und aus öfonomischen Rücksichten nicht an, daß wir Thür und Fenster so häufig öffnen, als dies durch die Luftverschlechterung geboten wäre. Hier sind es eben die Wände des Hauses, die, wenn sie aus porösem Material hergestellt sind, wesentliche Dienste leisten dadurch, daß sie den Gasaustausch zwischen der

Binnenräumen und der Atmosphäre vermitteln, indem sie einen Theil der verdorbenen Zimmerluft entweichen und sauerstoffreiche für die Lebensprocesse geeignete Luft an deren Stelle treten lassen. (Diese Permeabilität der Wandungen für Luft und Gase läßt sich durch ein von Pettenkofer angegebenes Experiment veranschaulichen. Man überziehe nämlich ein Stück einer aus Ziegelsteinen und Mörtel aufgeführten Mauer auf beiden Seiten mit einem luftdichten Firniß und lasse nur an 2 gegenüberliegenden Flächen eine kreisförmige Stelle frei, die auf beiden Seiten zur Einführung eines trichterförmigen Rohres dient. Wenn man nun durch diesen kleinen Trichter von der einen Seite Leuchtgas in die Mauer einströmen läßt, so kann man leicht an der Spitze des auf der gegenüberliegenden Seite befindlichen Trichters das Gas anzünden).

Als ein solches die natürliche Ventilation der Wohnungen beförderndes Baumaterial sind vor Allem gut gebrannte Ziegel, poröser Sandstein und Aschenziegel zu empfehlen, während dichter Kalkstein, Granit, Cement und die neuerdings vielfach Verwendung findenden Cementziegeln wegen allzu großer Dichtigkeit zu verwerfen sind oder höchstens nur zur Decorirung von Facaden benutzt werden dürfen. — Ganz abgesehen davon, daß sie die natürliche Ventilation durch die Mauern des Hauses behindern, sind die zuletzt erwähnten, wenig porösen Materialien auch insofern nachtheilig, als sie gute Wärmeleiter darstellen und daher zu rasch die Temperatur der Außenluft annehmen, so daß sie ebenso wie die aus Eisenblech hergestellten provisorischen Häuser, die man hier und da antrifft und wie die berühmten Bleidächer Venedigs uns im Sommer vor Hitze fast umkommen, im Winter vor Kälte erstarren lassen und durch plötzlichen Temperaturwechsel die Gesundheit aufs Höchste gefährden. — Ein sehr bedeutender Nachtheil des zu wenig porösen Baumaterials besteht endlich darin, daß die Mauern das an ihnen sich niederschlagende Regenwasser nicht rasch genug abdunsten und somit die Wohnungen fortwährend in feuchtem Zustande erhalten. Die Wichtigkeit trockener Wohnräume läßt sich aber kaum hoch genug anschlagen. Die Wohnung ist gewissermaßen unser weitestes Kleid und wie durch nasse Kleidung, die wir längere Zeit auf unserem Leibe tragen, die Hautthätigkeit unterdrückt und zu mancherlei Gesundheits= störungen Veranlassung gegeben wird, ebenso nachtheilig wirkt eine feuchte Wohnung, in dem sie die Abdünstung des Körpers verhindert, den Stoffwechsel beeinträchtigt und somit früher oder später Krankheiten hervorruft. In einer feuchten Wohnung wird der in der Wohnungsluft sich anhäufende, von unseren Lungen ausgeathmete oder durch wirthschaftliche Vorrichtungen gebildete Wasserdampf von den bereits mit Feuchtigkeit durch= tränkten Wänden nicht absorbirt und von hier an die Außenluft abgegeben, derselbe schlägt sich vielmehr an den Wandungen selbst nieder und trägt noch dazu bei, die Wohnung fortwährend in einem feuchten und ungesunden Zustand zu erhalten. Auch darf hier der Umstand nicht übersehen werden, daß gerade diese durch den Athmungsproceß gebildete oder von wirthschaftlichen Proceduren herrührende Feuchtigkeit regelmäßig organische Bei= mischungen enthält, die unter Einwirkung einer günstigen Tem= peratur leicht zu Fäulnißvorgängen Veranlassung geben und somit dazu beitragen, die Luft unserer Wohnräume zu ver= schlechtern.

Wir haben also die Trockenheit der Mauern und Wan= dungen als eine der wesentlichsten Anforderungen, die man an eine gesunde Wohnung zu stellen berechtigt ist, kennen gelernt. Aus dem Umstande, daß beim Aufführen eines Hauses eine ungeheure Menge Wasser in die Mauern und Wände hinein=

gebaut wird, ergiebt sich ferner die Regel, ein fertiggestelltes Haus nicht sofort zu beziehen resp. zu vermiethen, sondern dasselbe womöglich zum Zwecke völliger Austrocknung 1 bis 2 Jahre nach der Fertigstellung unbewohnt zu lassen. Diese Maaßregel erscheint besonders dadurch geboten, daß ein Haus, welches einmal in feuchtem Zustande bezogen wurde, nur selten jemals ganz trocken wird, da die in den Wohnungen sich fortwährend erneuernden Athmungs- und Wasserverdunstungsprocesse dazu beitragen, dasselbe feucht zu erhalten. Daß auch wochenlang fortgesetztes, starkes Heizen bei geschlossenen Thüren und Fenstern nicht im Stande ist, den Wandungen die Feuchtigkeit zu entziehen, ergiebt sich aus einer von Fodor*) angestellten Berechnnng. Derselbe schätzt die Quantität Wasser, welche in die Wände eines 50 Cubikmeter Luft enthaltenden 2fenstrigen Zimmers hineingebaut wird, auf mindestens 4000 bis 5000 Kilo und wenn auch bis zu dem Zeitpunkte, wo die noch nicht völlig ausgetrocknete Wohnung bezogen wird, ein Drittel oder die Hälfte des Wassers verdunstet ist, so würden immer noch 2000—2500 Kilo Wasser in den Wänden zurückbleiben. Nun vermag aber jeder Cubikmeter Luft bei 10° C. ungefähr 10 Gramm, bei 20° C. 17 Gramm Wasser in Form von Wasserdampf in sich aufzunehmen. Es würden also durch eine Erhöhung der Temperatur um 10° C. in einem Zimmer von der angegebenen Größe nur 350 Gramm Wasser zur Verdunstung kommen. Wie lange müßten wir also heizen, wenn wir das in den Wänden enthaltene Wasser ganz und gar austreiben wollten? Hierzu kommt ferner noch, daß diese den Wänden entzogene Feuchtigkeit sofort in letztere zurückkehren wird, sobald die Zimmertemperatur wieder sinkt. Auch lehrt uns die tägliche Erfahrung, daß beim Heizen eines feuchten Raumes nur der in unmittelbarer Nähe des Ofens befindliche

Theil der Wand austrocknet, während an anderen Stellen des Zimmers die Mauern nach wie vor ihre Feuchtigkeit beibehalten, wie sich aus dem Vorhandensein von sich kalt anfühlenden Flecken, aus dem feuchten Wohnungen eigenthümlichen unangenehmen, frischen Kalkgeruch und anderen Zeichen deutlich erkennen läßt. — Das Austrocknen zu früh bezogener, feuchter Wohnräume läßt sich nur dadurch einigermaßen bewerkstelligen, daß man Wochen hindurch bei trockener Witterung Thüren und Fenster offen hält und bei gleichzeitigem starkem Heizen Luft durch die Zimmer streichen läßt, um auf diese Weise die den Wandungen entzogene Feuchtigkeit sofort aus dem Bereiche des Hauses zu schaffen.

Eine besondere Quelle der Wohnungsfeuchtigkeit ist ferner in dem Umstande zu suchen, daß die Nässe des Erdbodens in Folge der Kapillarität in das Fundament und von hier aus in die Wandungen des Hauses emporsteigt. Daß gut gebrannte Ziegeln und einige dichte Steinarten nur geringe Kapillarität besitzen, daß auch das Aufsteigen von Feuchtigkeit durch Anwendung von Cementmörtel erschwert wird — sind Erfahrungen, die man beim Aufbau des Fundamentes sich zu Nutzen machen sollte. Auch giebt es anderweitige Vorkehrungen, durch welche das Emporsickern der Feuchtigkeit verhindert wird z. B. die, daß man, wie dies in England üblich ist, eine äußere und eine innere Grundmauer errichtet. Die äußere Mauer wird nun zwar feucht, aber die innere — (und das ist gerade die, auf der das Gebäude ruht) — bleibt trocken, da sie nur an ihrer Grundfläche, nicht aber seitlich mit dem Erdboden in Berührung kommt. Eine andere zum Schutze gegen die Wohnungsfeuchtigkeit ersonnene Maaßregel besteht darin, daß die Erde von den Grundmauern des Hauses durch einen breiten Graben ferngehalten wird, wodurch man leicht bewirkt, daß das

Parterregeschoß trocken bleibt, ja daß sogar die Kellerräume weniger feucht sind, als bei einer anderen Bauart. — Auch trägt die Kanalisation der Städte in hohem Grade dazu bei, die Wohnungen trocken zu erhalten, indem durch diese wohlthätige Einrichtung nicht nur Fäulniß- und Verwesungsstoffe, deren Zersetzung, wie oben bemerkt, Miasmen erzeugt, fortgeschafft werden, sondern zugleich auch der Boden drainirt wird. — Um nochmals auf die soeben erwähnten Kellerwohnungen zurückzukommen, so wird sich ein völliges Trockenerhalten derselben wohl kaum durch irgend welche Maaßregeln erreichen lassen und da die Bewohner solcher Souterrains auch zugleich dem Einflusse der Bodenluft in höchstem Grade ausgesetzt sind, so hat die Frage gewiß ihre Berechtigung, ob man nicht künftig durch sanitätspolizeiliche Bestimmungen die Einrichtung solcher Kellerräume zu Wohnungen und Verkaufsstellen bei allen Neubauten verhindern solle[10]).

Ich gehe nun dazu über, die innere Einrichtung und Eintheilung des nach gesundheitlichen Grundsätzen herzustellenden Hauses einer Betrachtung zu unterziehen, jedoch muß ich mich darauf beschränken hier nur einige allgemeine Regeln und Winke zu geben. Von den Wänden unserer Wohnung haben wir bereits gesagt, daß sie aus einem porösen Material hergestellt und, bevor wir das Haus beziehen, gehörig ausgetrocknet sein müssen. Als nächsten Punkt wäre noch die Frage zu entscheiden, wie wir dieselben von innen bekleiden sollen, ob Kalktünche, Wasserfarben, Oelfarbe, Tapeten oder andere Substanzen hier den Vorzug verdienen. — Was die Kalktünche anlangt, so ist sie in gesundheitlicher Beziehung jedenfalls am Meisten zu empfehlen, da bei Anwendung derselben die Poren der Wand offen bleiben und die natürliche Ventilation durch die Ritzen und Spalten des dünnen Kalküberzugs nach wie vor stattfinden kann und da der zum Weißen benutzte ätzende Kalk vermöge seiner desinfizirenden Eigenschaften die den Wänden anhaftenden Fäulnißstoffe zerstört oder doch deren Schädlichkeit herabsetzt. — Da ferner die Kalktünche den Vorzug besitzt, sich ohne erhebliche Kosten von Zeit zu Zeit erneuern zu lassen und da man um das grelle, die Augen angreifende Weiß zu mildern, derselben unschädliche Farbstoffe beifügen kann, so würde überhaupt eine andere Art von Wandbekleidung gar nicht in Frage kommen, wenn nicht die Tünche dem verwöhnten Geschmacke unserer Zeit zu einfach und primitiv erschiene. — Das Bemalen der Wände mit Wasserfarben hat den Nachtheil, daß es kostspielig ist und aus diesem Grunde in der Regel erst nach längerer Zeit erneuert wird, so daß Schmutz und Fäulnißstoffe sich inzwischen ungehindert in dem Wandüberzug ablagern können, während Oelfarbe Gips und Cement, die wohl hier und da zum Ueberziehen der Wände benutzt werden, schon aus dem Grunde zu verwerfen sind, weil sie einen allzudichten Ueberzug bilden und dadurch den Gasaustausch zwischen Zimmerluft und Außenluft verhindern. — Bei den Tapeten ist Letzteres in geringerem Maaße der Fall, jedoch ist es unter allen Umständen geboten, die Tapete auch dann, wenn sie noch nicht abgenutzt sein sollte, von Zeit zu Zeit zu erneuern, um Staub, der sich zwischen derselben und der Wand abgelagert hat, zu entfernen und ungebetene Gäste, welche dort sich etwa einnisten sollten, aus ihren Schlupfwinkeln zu vertreiben. Eine Vorsichtsmaaßregel, die ebensowohl beim Bemalen der Zimmerwände, wie beim Austapezieren der Wohnräume nicht genug beherzigt werden kann, besteht darin, daß wir uns zuvor auf's Genaueste davon überzeugen, daß sowohl Farbe wie Tapete frei von giftigen Substanzen sind. Die Anwesenheit von Arsenik in grünen Farbstoffen und grüngefärbten Tapeten ist ein so häufiges Vorkommniß und Fälle von bedenklichen Vergiftungen, hervorgerufen durch die von der Tapete resp. Wand sich loslösenden, von den Bewohnern des Zimmers eingeathmeten, unsichtbaren Partikelchen sind so zahlreich in der medizinischen Litteratur verzeichnet, daß eine chemische Untersuchung bei allen grünen Tapeten oder zum Bemalen der Wände dienenden grünen Farben dringend geboten erscheint. Bemerkt sei hier zugleich, daß nicht allein grüne, sondern auch andersfarbige Tapeten gifthaltig sein können.

Ein zweiter Gegenstand, dem wir unsere Aufmerksamkeit zuwenden müssen, ist der Fußboden unserer Wohnung. Zur Herstellung des Estrich werden vielerlei Materialien, außer Holz und dem bereits erwähnten Lehm: Cement, Beton, Asphalt, gewöhnliche oder hartgebrannte und glasirte Ziegel, ferner wohl auch Marmor, Mosaik u. dergl. mehr benutzt. Asphaltfußböden sind zwar bis jetzt für Privatwohnungen noch wenig in Gebrauch, verdienen aber unsere Beachtung in hohem Grade, da sie keinen Schmutz, oder irgend welche Ansteckungsstoffe in sich aufnehmen da sie sich ohne Mühe reinigen lassen und da sie vermöge ihrer Dichtigkeit vorzüglich dazu geeignet sind, in Parterregeschossen die Bodenluft und die aus dem Boden aufsteigende Feuchtigkeit fern zu halten und in anderen Etagen das Aufsteigen der verdorbenen Luft aus dem niederen Stockwerke in die darüber gelegenen Zimmer wenigstens theilweise zu verhindern. Der Umstand, daß sie weniger feuersgefährlich sind, als der hölzerne Estrich nnd daß sie im Sommer den Fußboden kühl halten, kommt ebenfalls in Betracht, während die Unannehmlichkeit, daß sie im Winter kälten, sich durch darüber ausgebreitete Teppiche beseitigen läßt. Da, wo wie bei uns gewöhnlich Holz zur Herstellung der Fußböden benutzt wird, empfiehlt es sich, die Ritzen zwischen den Dielen, resp. die Spalten im Parquetfußboden hermetisch zu verschließen, da gerade in diesen Ritzen und Spalten Schmutz und Ungeziefer sich am Leichtesten ansammelt und da das durch die Reinlichkeit gebotene Scheuern der Fußböden, wodurch Nässe in die Spalten gelangt, regelmäßig Fäulnißprocesse hervorruft. Es ist daher zweckmäßig, die Fußböden entweder mit Wachs zu „bohnen" oder wie dies in vielen englischen Hospitälern¹¹) üblich ist, die Ritzen und Spalten mit Paraffinmasse auszufüllen und auch die Dielen mit dieser Substanz zu durchtränken, wodurch man einen reinen trockenen und zugleich dauerhaften Fußboden erhält.

Von den Fenstern, die man nicht mit Unrecht die Lungen der Wohnung genannt hat, ist es fast selbstverständlich, daß sie möglichst groß sein müssen, um beim Lüften der Zimmer in kürzester Zeit ein bedeutendes Quantum athmosphärischen Sauerstoffs in die Wohnung einzulassen, daß sie gut schließen, um nicht Zugluft und dadurch Krankheiten hervorzurufen und daß sie derartig construirt sein müssen, daß man ohne Mühe auch den oberen Theil des Fensters öffnen kann. Die Fenster dienen aber nicht nur zur Lüftung, sondern auch zum Beleuchten und Erwärmen der Zimmer und auch hierfür erweist es sich vortheilhaft, wenn das Fenster hoch ist. Zur Erwärmung der Wohnräume trägt das Fenster insofern bei, als im Sommer, wenn die Sonne auf die Scheiben scheint, die auf dieselben fallenden Wärmestrahlen zum größten Theile durchgelassen werden und somit die Temperatur der Zimmerluft erhöht wird, während im Winter die Fenster die allzu schnelle Abkühlung derselben verhindern. Eine noch größere Gleichmäßigkeit der Temperatur in unseren Wohnräumen erzielen wir dadurch, daß wir doppelte Fenster in denselben anbringen. Die zwischen beiden Fenstern befindliche Luftschicht dient als schlechter Wärmeleiter im Winter dazu, die Abgabe der Wärme des geheizten Zimmers an die Außenluft zu verhindern, während sie im Sommer der von außen eindringenden Hitze den Zutritt verwehrt. Für das Kühlhalten der Zimmer und den Ausschluß des allzu grellen Sonnenlichts sind bekanntlich auch Gardinen und Jalousien bestimmt= Letztere erfüllen diesen Zweck am Besten, wenn sie aus Holz (ebenfalls ein schlechter Wärmeleiter) bestehen und an der Außen= seite des Fensters und wo möglich in einiger Entfernung von demselben angebracht sind, so daß die Zimmerluft nicht mit der erwärmten Außenfläche der Jalousien in Berührung kommen und sich auf diese Weise erhitzen kann. Sehr geeignet zum Abhalten grellen Sonnenlichts und auch für Privatwohnungen zu empfehlen sind solche Marquisen, wie man sie jetzt gewöhnlich nur vor den Schaufenstern unserer Kaufläden zur Sommerszeit ausspannt. Ein vortreffliches Mittel zum Kühlhalten der Zimmer in dieser Jahreszeit besteht ferner darin, daß wir das an dem Fenster angebrachte Rouleau resp. die Gardine in Wasser tauchen oder mit Wasser bespritzen; die durch die Wasserverdunstung hervorgerufene Temperaturerniedrigung wird, wenn das Befeuchten des Rouleau's von Zeit zu Zeit wiederholt wird, die Luft unserer Wohnräume stets in frischem Zustande erhalten.

Wir wenden uns nun der Betrachtung der einzelnen Wohn= räume zu, indem wir die Erörterung der Frage, ob es für die Gesundheit dienlicher ist, Häuser zu errichten, die nur einer ein= zigen Familie genügenden Platz bieten oder solche, wo unter demselben Dache mehrere Familien zusammen wohnen, bis zum Schlusse unserer Betrachtungen aufsparen. — Die Räumlich= eiten, die eine wohlhabende Familie in der Regel für sich be= ansprucht, bestehen außer Küche und Vorrathskammer, Boden= räumen, Kellern und Aborten, aus dem Empfangszimmer, einer der Zahl der Familienmitglieder entsprechenden Anzahl von Schlafzimmern, dem Arbeitszimmer des Hausherrn, dem Speise= saal, dem Kinderzimmer und der Gesindestube, wozu wir als sehr wichtig für die Gesundheitspflege noch ein besonderes Krankenzimmer und ein Badezimmer hinzufügen wollen. Das wäre allerdings eine bedeutende Anzahl von Räumlichkeiten, zu deren Beschaffung nur verhältnißmäßig Wenige — (eine größerer Anzahl nur da, wo die Wohnungen außergewöhnlich billig sind) — im Stande sein werden. Aber es ist nicht allein aus Bequemlichkeits-, sondern auch aus Gesundheitsrücksichten von Vortheil über zahlreiche, verschiedenen Bestimmungen dienende Zimmer zu verfügen, den Kranken von dem Gesunden absondern zu können, das Zusammendrängen von vielen Personen in einen einzigen Raum zu vermeiden und mit anstrengenden Arbeiten sich nicht gerade in dem Zimmer beschäftigen zu müssen, in welchem Kinderlärm und Unruhe vorherrscht. Es sollte daher ein jeder Familienvater die Thatsache im Auge behalten, daß derjenige, der für eine größere Wohnung Geld verausgabt und dieselbe nach gesundheitlichen Grundsätzen einrichtet, für diese Ausgabe in der Regel durch größere Gesundheit der Seinigen und durch die eigene größere Arbeitsfähigkeit entschädigt wird — Von den soeben erwähnten Räumlichkeiten ist das Schlafzimmer in gesundheitlicher Beziehung entschieden das Wichtigste und bei der Eintheilung, resp. Einrichtung der Wohnräume sollte stets der Grundsatz gelten, das geräumigste und luftigste Zimmer der Wohnung zum Schlafzimmer zu wählen. Da wir von den 24 Stunden des Tages in der Regel ein Drittel im Schlafzimmer zubringen, da wir während der Nacht nicht lüften und auch die Thüren, die tagsüber von Zeit zu Zeit geöffnet werden und frische Luft zuführen, geschlossen bleiben, da auch durch Schließen der Jalousien und Zuziehen der Vorhänge die Luft des Schlafzimmers noch mehr abgesperrt wird, und endlich auch weil wir während der Nacht nicht heizen und damit ebenfalls eine Quelle der Lufterneuerung ausschließen —

so ist es gerade die Luft unseres Schlafzimmers, die am meisten der Verschlechterung ausgesetzt ist und bedarf es daher keines besonderen Beweises, daß wir stets das geräumigste und luftigste Zimmer der Wohnung zum Schlafzimmer wählen sollen. Und doch wie häufig wird diese Maxime außer Acht gelassen! Wie manche Hausfrau glaubt nach Außen hin in möglichst imponirender Weise auftreten zu müssen und sucht daher das schönste geräumigste Zimmer aus, um es mit eleganten Möbeln ausstaffirt unter dem hochklingenden Namen „Salon" für ihre Besucher einzurichten, so daß es also den größten Theil des Jahres hindurch unbenutzt dasteht, während irgend ein enger dumpfiger Raum für das Schlafzimmer als genügend erachtet wird. — Um auf das Heizen der Schlafräume nochmals zurückzukommen, o ist dasselbe schon aus dem Grunde nicht rathsam, weil gerade während der Nacht, wo die Temperatur der Außenluft sinkt, die Bodenluft mit größter Regelmäßigkeit in die Häuser einströmt und sich dann zunächst jenen Zimmern zuwendet, wo die Luft am Meisten erwärmt und somit verdünnt ist[12]). — Es bedarf keiner weiteren Auseinandersetzung, daß sofort, nachdem wir Morgens das Schlafzimmer verlassen haben, die Fenster desselben weit geöffnet und mehrere Stunden offen bleiben müssen, um eine gründliche Lufterneuerung vorzunehmen und daß das Bettzeug ebenfalls einer täglichen Durchlüftung unterzogen werden muß. —

Alles was wir soeben bezüglich der Geräumigkeit und der Lufterneuerung des Schlafzimmers bemerkten, gilt ebenfalls für das Kinderzimmer, da das Kind einen großen Theil des Tages — (insbesondere während der rauhen Jahreszeit) — im Hause zubringen muß und da der kindliche Organismus gegen den schädlichen Einfluß verdorbener Luft noch bei Weitem empfindlicher ist als der des Erwachsenen. Wir werden auf diesen Punkt

— den Einfluß der Wohnungen auf die Gesundheit der heranwachsenden Generation — sogleich nochmals zurückkommen. — Unter den übrigen Räumen, welche wir aufzählten, bedarf nur noch das Krankenzimmer einer besonderen Erwähnung. Letzteres ist besonders für solche Familien wünschenswerth, die reich mit Kindern gesegnet sind, wo man also auf das Auftreten von Masern, Scharlach, Keuchhusten und dergleichen vorbereitet sein muß. Auch liegt es auf der Hand, daß durch die Absonderung des Kranken von dem Gesunden der Erstere größere Ruhe haben und der Letztere gegen Ansteckung geschützt wird. Zu diesem Zwecke muß die Krankenstube möglichst abgelegen d. h. von den übrigen Wohnräumen getrennt sein; sie muß ferner luftig und hell und mit guten Ventilationsvorrichtungen — wo möglich mit einem Kamin — versehen sein. Ihre Wände sind entweder mit Kalktünche, die nach jeder Krankheit erneuert werden muß, um etwaige dort sich einnistende Ansteckungsstoffe zu beseitigen oder mit einem Wandüberzug, der mit heißem Wasser gereinigt werden kann, zu überziehen. — Der Fußboden muß so beschaffen sein, daß er keine Krankstoffe in sich aufzunehmen vermag und erscheint daher der zuvor erwähnte wasser-, schmutz- und luftdichte Asphaltfußboden oder das Paraffin-Holzparket besonders empfehlenswerth. Möbel sollten nur in geringer Zahl vorhanden sein und müssen nach Aufhören der Krankheit ebenso wie Fußboden, Wände und Plafond mit kochendem Wasser, dem man am Besten etwas Säure zusetzt[13]) oder mit Wasserdampf gründlich desinfizirt werden. Anscheinend bedeutungslos und doch nicht ganz ohne Wichtigkeit — denn in einem Raume, in dem mit ansteckenden Krankheiten Behaftete sich aufhalten, kann die geringste Versäumniß üble Folgen haben — ist die Vorschrift in die Wände eines Krankenzimmers keine Nägel einzuschlagen, da in den Löchern sich leicht Schmutz und Ansteckungsstoffe ansammeln. Aus demselben Grunde darf auch kein Gipsaufputz oder sonstige Erhabenheiten, auf denen Schmutz und Staub sich ansammeln, vorhanden sein.

Von der Küche unserer Wohnung sei hier nur bemerkt, daß die dort entstehenden Dämpfe unseren Wohnräumen häufig kleine Partikelchen organischer Substanz zuführen, die später zu Fäulnißprocessen Veranlassung geben. Es ist daher vortheilhaft, wenn die Küche nicht direct mit den Wohn- oder Schlafräumen kommunizirt und sollte auch durch eine zweckmäßige Ventilation für die Ableitung dieser Dämpfe gesorgt werden. Gemüseabfälle, Kartoffelschalen sowie alle Stoffe, die leicht in Fäulniß übergehen, müssen möglichst rasch aus der Wohnung entfernt werden. Zur Abführung des Küchen- und Spülwassers muß ein Ausguß vorhanden sein; letzterer muß jedoch einen Verschluß besitzen, der es unmöglich macht, daß das in den Kanal mündende Abzugsrohr Fäulnißgase in die Wohnung leitet.

Was die Aborte anlangt, so ist ein zweckmäßiges Closetsystem am Meisten geeignet, das Entweichen der Gase und das Eindringen derselben in die Wohnräume zu verhindern. Das Hauptgewicht muß jedoch darauf gelegt werden, daß Excremente, Unrath, sowie überhaupt alle zu Fäulniß- und Zersetzungsprozessen Veranlassung gebenden Stoffe möglichst schnell aus dem Bereiche unserer Wohnungen zu entfernen sind, was am sichersten vermittelst der Schwemmkanäle zu erreichen ist. Für den wohlthätigen Einfluß, den die Kanalisation auf die Gesundheit unserer Wohnungen ausübt, liefert die Statistik der Typhussterblichkeit in solchen deutschen Städten, wo diese wichtige sanitaire Einrichtung schon seit mehreren Jahren besteht, einen deutlichen Beweis[14]). Andererseits werden wir bei der Communikation, welche zwischen der Bodenluft und der Luft unserer Wohnungen besteht, kaum hoffen dürfen, letztere völlig rein zu erhalten, so lange wir das alte System der Abtrittsgruben beibehalten und so lange wir die Haus-, Küchen- und Waschwasser, ohne für einen Abzug durch Kanäle zu sorgen, hinab in den Erdboden sickern lassen und auf diese Weise zu den dort vor sich gehenden Fäulnißprocessen stets neues Material liefern. —

Wir haben im Vorhergehenden diejenigen Grundsätze erörtert, welche bei der Einrichtung unserer Wohnungen die maßgebenden sein müssen. — Neben der zweckmäßigen gesundheitlichen Einrichtung kommt es aber vor Allem darauf an, daß wir in unseren Wohnungen stets in einer der Gesundheit dienlichen Weise verfahren und da sind es die drei Prozeduren, die hier vor Allem in Betracht kommen nämlich: 1. das Reinhalten, 2. das Lüften, 3. das Heizen der Wohnräume.

Daß das häufige Reinigen der Wohnung eine Maßregel von großer Wichtigkeit ist, bedarf keines Beweises. Es verdient daher die Reinlichkeitsliebe der im Waschen, Bürsten und Scheuern unermüdlichen Holländerin und das Verhalten derjenigen deutschen Hausfrauen, die Freitags oder Sonnabends den größten Theil der Wohnung unter Wasser setzen — (ein Verfahren, das dem Hausherrn nicht immer angenehm ist) — die höchste Anerkennung des Hygienikers. — Um ein Haus rein zu erhalten, ist selbstverständlich viel Wasser nothwendig und da, wo jeder Eimer erst geholt und über Treppen und Corridore in die Wohnung getragen werden muß, wird es entweder an Luft oder an Arbeitskräften dazu fehlen, eine gründliche Reinigung der Wohnung, so oft als dies erforderlich wäre, vorzunehmen. Die Existenz einer Wasserleitung, die vieles und wohlfeiles Wasser liefert, ist also schon aus diesem Grunde eine unabweisliche Nothwendigkeit.

Die Wichtigkeit des häufigen Lüftens der Zimmer wurde

im Vorhergehenden bereits hervorgehoben. Bemerkt sei hier noch, daß außer der durch die Athmungsprocesse und die Beleuchtung gebildeten Kohlensäure — (eine einzige Gasflamme entwickelt stündlich beinahe 200 Liter dieser Luftart) — die Luft unserer Wohnräume noch andere Beimischungen enthält, über deren Zusammensetzung uns die Chemie bis jetzt noch wenig Aufklärungen gegeben hat. Es sind dies flüchtige organische Substanzen, welche ebenfalls dem Athmungsproceß, sowie der Hautausdünstung entstammen und wahrscheinlich mit gewissen Fäulnißproducten identisch sind. Sie veranlassen den eigenthümlichen, unangenehmen Geruch, der sich überall vorfindet, wo eine größere Anzahl Menschen in engem Raume zusammengedrängt ist oder wo wenige Individuen längere Zeit, ohne zu lüften, verweilt haben. Es ist bekannt, daß Personen, die sich in übelriechender Wohnungsluft längere Zeit aufhalten oder die großen Versammlungen beiwohnen, nicht selten von plötzlichem Unwohlsein, Schwindel, Ohnmacht u. dergl. mehr befallen werden — Symptome, die nur durch Luftverderbniß hervorgerufen sein können. Thiere, die man längere Zeit solche verdorbene Luft einathmen ließ, gingen auch, nachdem die Kohlensäure aus der Luft entfernt war, zu Grunde und lieferten somit den Beweis für die Giftigkeit der soeben erwähnten organischen Substanzen. Andererseits ist die Thatsache von Wichtigkeit, daß Neueintretende für solche giftige Wohnungsluft besonders empfindlich sind, daß dagegen diejenigen, welche in diesen Räumen sich schon einige Zeit aufgehalten haben, den Einfluß derselben weniger bemerken, wenn auch ihre Gesundheit darunter leidet. — Es lehrt uns diese Beobachtung, daß unsere Sinne uns von der allmählig zunehmenden Luftverschlechterung keine Rechenschaft geben, und daß, ohne regelmäßiges in kurzen Zwischenräumen vorgenommenes Lüften wir uns unbewußt der dauernden Einwirkung giftiger

Substanzen aussetzen würden. Allerdings trägt zum Lüften der Wohnungen die obenerwähnte Ventilation durch die Wände und das Heizen nicht unerheblich bei — letzteres dadurch, daß durch diese Prozedur ein Theil der verdorbenen Zimmerluft durch den Schornstein hinausgeführt und frische gesunde Luft von außen zugeführt wird. Ein gewöhnlicher, gut ziehender schwedischer Ofen läßt stündlich etwa 90 bis 100 Kubikmeter verbrauchte Luft aus dem Zimmer entweichen und ebenso viel frische an deren Stelle treten; es würde also, da die Quantität Luft, die ein erwachsener Mensch in der Stunde ein- und ausathmet, ebenfalls durchschnittlich 100 Kubikmeter beträgt, dieses Quantum der Luftzufuhr für eine einzelne Person ausreichend sein. Daher erklärt es sich denn auch, daß gerade im Winter, wo der Ofen in unseren Wohnzimmern tagsüber selten ausgeht und wo die Temperaturdifferenz zwischen Zimmerluft und Außenluft einen lebhafteren Gasaustausch durch die Wände bedingt, die Luftverderbniß unter sonst gleichen Umständen niemals einen so hohen Grad erreicht, als zu andern Jahreszeiten. — In weit höherem Grade als der Ofen wirkt der Kamin ventilatorisch, da nach Fodor[15]) bei einem 15 Meter hohen Schornstein (aus dem Kamin des Parterrezimmers) 740 Kubikmeter, bei einem 13 Meter hohen Schornstein (vom ersten Stock) 663 Kubikmeter, bei einem 9 Meter hohen Schornstein (vom zweiten Stock) 575 Kubikmeter, bei einem 6 Meter hohen Schornstein (vom dritten Stock) 432 Kubikmeter Luft per Stunde entweichen und ebensoviel frische Luft von außen nachströmt. Es folgt hieraus, daß, was ventilatorischen Effect anlangt, auch der am besten construirte Ofen niemals im Stande sein wird, mit dem Kamin irgendwie zu konkurriren. — Auf die einzelnen Ventilationseinrichtungen können wir hier nicht näher eingehen; bemerkt sei hier nur, daß die in der Ecke unserer

Zimmer angebrachten in die Straße einmündenden kleinen Wand-
öffnungen und die zierlichen Metallbüchsen, in denen schnurrende
Rädchen sich drehen, für die Ventilation der Zimmer völlig un-
genügend und als reine Spielereien zu betrachten sind, da sie
nur kleine Luftquantitäten hindurchpassiren lassen. Es wird
vielmehr in allen Räumlichkeiten, wo eine größere Anzahl Menschen sich aufhält — (so vor Allem in Schulen, Hospitälern,
ferner auch in Versammlungslokalen, Konzertsälen, Theatern
und dergleichen) — eine ausgiebige Ventilation durch den luft-
saugenden Schornstein, oder gewisse Pulsionsapparate — Einrichtungen, die stündlich einige Tausend Cubikmeter Zimmerluft entweichen und ebensoviel frische Luft nachströmen lassen —
anzustreben sein.

Um nochmals auf den schädlichen Einfluß verdorbener Luft
zurückzukommen, so unterliegt es keinem Zweifel, daß sie zu den
bedenklichsten Gesundheitsstörungen Veranlassung giebt. Die
dauernde Einwirkung der Zimmerluft bewirkt selbst da, wo die
Verunreinigung keinen sehr hohen Grad erreicht, eine erhöhte
Disposition zu Krankheiten; eine Herabsetzung der Ernährung,
Blutarmuth und dergleichen — einen Zustand, den wir gewöhnlich schon aus der bleichen Gesichtsfarbe des Stubenhockers
erkennen. Es ist eine bekannte Thatsache, daß gerade da, wo
viele Menschen auf engem Raume zusammengedrängt sind, wo
also die Wohnungsluft am Leichtesten verdorben wird (in Kasernen, Waisenhäusern und dergleichen) die Lungenschwindsucht
in weit höherem Grade vorherrscht als unter günstigen Wohnungs-
verhältnissen. Einen eklatanten Beweis für den Einfluß der
Wohnungsluft auf die menschliche Gesundheit liefert auch eine
Vergleichung der Mortalitätsstatistik in alten, schlecht gelüfteten
und in neueren, gut gelüfteten Gefängnissen. So starben in
den alten preußischen Gefangenhäusern von 1848 — 1863 von

1000 Gefangenen jährlich durchschnittlich 31, in dem neuen Gefängniß zu Moabit dagegen jährlich nur 15; in alten englischen Gefängnissen betrug die Mortalität jährlich durchschnittlich 41 von 1000, während sie in dem nach sanitairen Grundsätzen eingerichteten, vortrefflich ventilirten Gefangenhaus zu Pentonville auf nur 8 von 1000 herabgesunken ist. — Eine höchst bedenkliche Wirkung verunreinigter Zimmerluft besteht aber ferner darin, daß dieselbe bei den Kindern außerordentlich häufig Skrophulose hervorruft, die Entstehung von Katarrhen, englischer Krankheit (Rhachitis) und dergleichen begünstigt und daß auf diese Weise schon im Kindesalter der Grund zu späterem Siechthum gelegt wird. Die Skropheln sind nicht etwa deshalb eine Kinderkrankheit, weil Kinder für dieselben mehr disponirt sind als Erwachsene — (letztere werden unter gewissen Umständen ebenfalls von Drüsenskrophulose ergriffen) — sondern weil gerade die Kinderwelt den schädlichen Einflüssen der Stubenluft mehr ausgesetzt ist, als Erwachsene[16]). Wenn unsere Volkskindergärten auch gar nichts Anderes bewirkten, als daß durch dieselben die Kleinen der ärmeren Stände täglich auf einige Stunden der ungesunden Luft der engen elterlichen Wohnung entzogen werden, so würde schon aus diesem Grunde ihre Wirksamkeit allseitige Unterstützung verdienen.

Das Heizen — die dritte jener häuslichen Proceduren, welche die Gesundheit des Menschen beeinflussen — ist bekanntlich dazu bestimmt, in unseren Wohnräumen eine gleichmäßige Temperatur zu erhalten und die zu rasche Abkühlung der Haut und zu bedeutende Wärmeabgabe des Körpers, welche die Lebensprocesse niederdrückt und das unbehagliche Gefühl des Frierens erweckt, zu verhindern. Wir frieren in einem kalten Zimmer mehr, als in gleich kalter freier Luft, weil wir in letzterer uns bewegen und durch Anregung der Zirkulation die Wirkung der Wärmeentziehung wieder ausgleichen. — So wohlthätig aber auch eine mäßige Durchwärmung unserer Wohnräume auf die Körperfunktion einwirkt, ebenso schädlich und gesundheitswidrig ist die Ueberheizung unserer Zimmer, wie sie da, wo der eiserne Ofen in Gebrauch ist, nur allzuhäufig angetroffen wird. Letzterer hat die Eigenschaft erst eine gewaltige Gluth auszustrahlen, dann aber, sobald man mit der Heizung nachläßt, wieder rasch zu erkalten; er wird also in der Regel ein beträchtliches Schwanken der Zimmertemperatur hervorrufen. Er hat ferner den Nachtheil, daß die in der Zimmerluft flotirenden Staubpartikelchen resp. organischen Substanzen mit seiner überhitzten Oberfläche in Berührung kommen und hier in brenzliche Stoffe übergeführt werden, die mit der Wohnungsluft sich mischen und subjective Beschwerden — ein Gefühl der Reizung und Austrocknung im Schlunde, das man häufig irrthümlich all zu großer Trockenheit der Zimmerluft zuschreibt — hervorrufen. — Von der Kohlenoxydvergiftung bei Anwendung eiserner Oefen können wir hier absehen, da einerseits die Möglichkeit des Uebertritts dieses Gases durch die rothglühend gewordenen Ofenwände noch unerwiesen ist und da andererseits durch Abschaffung der Ofenklappen die durch dasselbe hervorgerufenen Gefahren beseitigt werden.

Um auf die Ueberheizung der Zimmer zurückzukommen, so wirkt sie auch insofern nachtheilig, als durch den andauernden Aufenthalt in einer zu warmen Atmosphäre eine Verweichlichung der Schleimhaut der Luftwege und dadurch eine Disposition zu Katarrhen hervorgerufen wird, auf deren Boden sich nicht selten ernstere Gesundheitsstörungen, so vor Allem die bereits erwähnte Lungenphtise entwickeln. Die starke Erwärmung der Wohnräume wird, wenn die Zimmerluft zugleich feucht ist — (letzteres ist in den Wohnungen der ärmeren Klaſſen regelmäßig der Fall, da hier aus Sparſamkeitsrückſichten der eiſerne Ofen des Wohnraums außer zum Heizen auch zum Kochen benutzt wird) — ferner dadurch ſchädlich, daß in der feuchten und warmen Stubenluft Fäulniß- und Zerſetzungs- prozeſſe — (hervorgerufen durch die überall vorhandenen Keime mikroſkopiſcher Pilze) — niemals ausbleiben und anſteckende Krankheiten hier einen außerordentlich günſtigen Bo- den vorfinden. — Endlich iſt die feuchte und warme Luft ſolcher Wohnungen auch inſofern für die menſchliche Geſundheit nachtheilig, als ſie die Waſſerabdunſtung der Haut und die Ableitung und Ausſtrahlung der Körperwärme — Proceſſe, die für die Oekonomie des menſchlichen Körpers und für den Stoffwechſel von großer Be- deutung ſind — verringert und ſomit eine Schwächung des Organismus, eine Herabſetzung ſeiner Widerſtands- kraft ſchädlichen Einflüſſen gegenüber hervorruft.

Wir haben im Vorhergehenden einige der aus der Ueber- heizung der Wohnräume ſich ergebenden geſundheitlichen Schä- den kennen gelernt und es hat daher die Frage gewiß ihre Berechtigung, ob wir den eiſernen Ofen, der dieſe Ueberheizung in höherem Grade bewirkt, als andere Heizungsvorrichtungen, nicht gänzlich aus unſeren Wohnungen verbannen ſollen. Wir halten es in der That für wünſchenswerth, daß der Gebrauch eiſerner Oefen möglichſt eingeſchränkt und daß der in England und Frankreich längſt gebräuch- liche Kamin auch bei uns eingeführt werde. Der Ein- wand, den man gewöhnlich gegen die Einrichtung von Kaminen in deutſchen Wohnhäuſern erhebt — daß dieſelben für unſer Klima nicht geeignet ſeien und zu wenig Hitze verbreiteten — iſt bei den gewöhnlichen Kaminen allerdings begründet, läßt ſich aber nicht gegen den Galton'schen Kamin erheben. Bei Letzterem ist die Einrichtung getroffen, daß der Rauchfang des Kamins von einer zweiten Röhre umgeben ist, welche zwei Oeffnungen besitzt, von denen die eine in die Straße, die andere ins Zimmer mündet. Beim Heizen erwärmt sich nun der Rauchfang und die denselben umgebende Luftsäule, welche dann nahe dem Plafond in das Zimmer eindringt und demselben auf diese Weise fortwährend warme und zugleich reine Luft zuführt. Der Galton'sche Kamin stellt also eine Art Luftheizung dar und besitzt ebensowohl den Vorzug, das Zimmer gründlich zu erwärmen wie dasselbe in ausgiebiger Weise zu ventiliren. Er bietet ferner den Vortheil, daß er die Zimmerluft weder austrocknet, noch verunreinigt. Seine Manipulation ist einfach und bequem und dürfte er bei zweckmäßiger Einrichtung kaum so viel Brennmaterial consumiren, wie der gewöhnliche eiserne Ofen. Die Oeffnungen des Galton'schen Kamins sind mit Schiebern versehen, so daß wir die Zimmerwärme nach unserem Belieben reguliren können. Ein nicht zu unterschätzender Vorzug dieses, wie anderer Kamine, besteht endlich darin, daß er keinen Schmutz erzeugt, wenig oder gar keine Reparaturen erfordert, in unseren räumlich oft beschränkten Zimmern nicht viel Platz wegnimmt, daß er ein hübsches Möbel darstellt und daß der Schein des knisternden, flackernden Feuers bekanntlich nicht wenig dazu beiträgt, unsere Wohnungen anheimelnd und freundlich zu machen. Aber selbst wenn die zuletzt erwähnten Vorzüge nicht vorhanden wären, so würde die Thatsache, daß der Galton'sche Kamin zugleich eine gute Heizvorrichtung und einen vorzüglichen Ventilationsapparat darstellt, hier den Ausschlag geben. — Von den übrigen Heizeinrichtungen wollen wir hier nur kurz erwähnen, daß sie neben manchen Licht- auch vielerlei Schattenseiten bieten. So kann z. B. bei den viel verbreiteten Porzellan- und Kachelöfen eine Ueberheizung des Zimmers nicht leicht stattfinden; dagegen lassen sich dieselben in ventilatorischer Beziehung mit den Kaminen durchaus nicht vergleichen. Luft-, Wasser- und Dampfheizungsvorrichtungen sind in Privathäusern bis jetzt noch wenig in Gebrauch und bringen mehr oder minder Nachtheile mit sich. Bei der Luftheizung ist die in das Zimmer eintretende Luft gewöhnlich sehr trocken, häufig auch in Folge der Gasentweichung aus dem mit einem Mantel umgebenen Ofen, der hier zur Verwendung kommt, mit Kohlenoxyd gemischt. — Die Wasserheizung ist zwar reinlich und bequem, vielleicht auch ökonomischer als die der Kamine und Oefen, hat aber den großen Nachtheil, daß sie in keiner Weise zur Ventilation der Zimmer beiträgt. Sie ist daher im Allgemeinen nur da zulässig, wo sich wenige Menschen in großen geräumigen Zimmern aufhalten und wo außerdem durch zweckmäßige Vorrichtungen für ausgiebige Ventilation gesorgt ist. —

So viel über die Prozeduren des Reinigens, Lüftens und Heizens unserer Wohnungen. — Zum Schlusse hätten wir noch zwei Fragen zu erörtern, nämlich: Sollen wir, wie bisher in Deutschland fast allgemein üblich war, auch fernerhin solche Häuser errichten, wo mehrere Familien unter einem Dache zusammen wohnen? und 2. Welche Maßregeln sind zu ergreifen, um die Wohnungsverhältnisse der ärmeren Volksklassen zu verbessern. —

Was die Beantwortung der ersten Frage anlangt, so sind die sozialen Schäden, welche das jetzt übliche Zusammenwohnen mehrerer Familien in einem Hause hervorruft, bereits in einem früheren Hefte dieser Sammlung (Vergl. „Hauswirthschaftliche Zeitfragen von A. Emminghaus". Sammlung gemeinverständlicher wissenschaftlicher Vorträge von R. Virchow und F. v. Holtzendorff, Berlin 1879) erörtert worden. Es wurde darin auseinandergesetzt, daß die Miethskasernenwohnung den wirthschaftlichen und häuslichen Interessen in hohem Grade feindlich sich erweist, daß sie den häuslichen Frieden gefährdet, die Erziehung der Kinder erschwert, häufig auch den Familiensinn untergräbt. Eben so groß wie die moralischen und sozialen Schäden, welche die Miethskaserne hervorruft, sind aber auch die Gefahren, welche dieselbe der Gesundheit der Bewohner bereitet. Von einer eingehenden Erörterung dieses Punktes glauben wir absehen zu können, denn es liegt auf der Hand, daß in einem Hause, das eine größere Anzahl von Bewohnern beherbergt, eine Verschlechterung der Wohnungsluft viel leichter stattfindet, als in dem von wenigen Personen bewohnten Einfamilienhaus, daß im ersteren die eine Familie häufig unter dem gesundheitwidrigen Verhalten der mit ihr zusammenwohnenden zu leiden hat, daß die verdorbene Luft des einen Raumes den seitlich angrenzenden oder unmittelbar darüber gelegenen Wohnräumen sich mittheilt, daß, da die meisten Zimmer der großen Miethswohnungen nur eine Wand der Straße zu kehren, die natürliche Ventilation durch die Mauern des Hauses nur in geringem Maße zur Geltung kommt und daß beim Ausbruch von Typhus, Cholera, Scharlach, Masern, Diphteritis und anderen ansteckenden Krankheiten die Verbreitung der Ansteckung von Person zu Person, von Haushalt zu Haushalt durch das Zusammenwohnen vieler Personen unter einem Dache und durch die Sorglosigkeit und den Leichtsinn einzelner Hausbewohner außerordentlich erleichtert wird. Auch fehlt es nicht an statistischen Belegen dafür, daß die durch die soeben erwähnten Seuchen bewirkte Sterblichkeit in geradem Verhältniß steht zu der Anzahl der in einem Hause zusammen lebenden Personen[17]). Des Factums endlich, daß die Entwickelung von Skrophulose, Lungenphtise und anderen Leiden durch die Luftverunreinigung — die unvermeidliche Folge des Zusammenwohnens vieler Personen in einem Hause — in hohem Grade befördert wird, haben wir bereits gedacht. — Nirgends florirt das Unwesen der Miethskasernenwohnung in höherem Grade als im östlichen und im Mittel-Deutschland, während in Frankreich — (Paris und einige andere größere Städte ausgenommen) — in England, Holland und Belgien nicht nur die wohlhabenderen Klassen und der Mittelstand, sondern auch ein großer Theil der ärmeren Bevölkerung ein Haus für sich bewohnt. Während z. B. in englischen Städten von mehr als 100 000 Einwohnern durchschnittlich 6 bis 7 (in Liverpol 6,9, in Manchester 5,9, in Birmingham 5,1 und in London 7,7) in Amsterdam und Brüssel 9,7 Bewohner auf ein Haus kommen, leben in Königsberg 25, in Breslau, Posen und Leipzig 36,5, in Berlin sogar 58 Personen durchschnittlich in einem Hause¹¹) — eine Dichtigkeit der Bevölkerung, die nur von Wien mit 59,7 Bewohnern per Haus übertroffen wird. Daß gerade in den großen Städten die Häuser von der Kellerwohnung bis hinauf zur Bodenluke mit Menschen vollgepfropft sind, erklärt sich zum Theil durch die Erwerbsthätigkeit, welche an gewisse Stadttheile gebunden ist und durch die Zeitersparniß, welche die zentrale Lage einer Wohnung gestattet. Andererseits kann aber in unserer Zeit der erleichterten Kommunikationen dieser Grund nicht sehr schwer ins Gewicht fallen und liefert gerade die Riesenstadt London einen schlagenden Beweis dafür, daß sich günstige Wohnungsverhältnisse mit einer angestrengten Geschäftsthätigkeit vereinigen lassen. — Wir werden also auch in Deutschland das Ziel, welches der Engländer längst erreicht hat, daß nämlich jede Familie, wo dies nur irgend möglich ist, ein besonderes Haus bewohne, stets im Auge behalten müssen. Zur Erreichung dieses Zieles ist es aber unerläßlich, daß man künftighin nicht mehr danach strebe, imposante Häuserfronten und umfangreiche Miethpaläste zu errichten, sondern vielmehr danach, das Bauen möglichst billig zu machen, um so auch dem weniger Begüterten die Erwerbung eines kleinen Hauses zu ermöglichen. Man stelle der Auftheilung der Baugründe in kleine Parzellen kein Hinderniß entgegen; man zwinge den Baulustigen nicht dazu, genau in die Flucht der Straßenlinie hinein zu bauen (denn wo es sich darum handelt, in ununterbrochener Häuserfront zu bauen, fühlt man gewöhnlich das Bedürfniß eine imposantere Facade herzustellen); man beseitige die überflüssigen Erschwerungen der Hypothekenaufnahmen und Uebertragungen, die sich der Bauspekulation wie ein Bleigewicht an die Füße hängen; man suche durch Organisation von Baugenossenschaften nach dem System der englischen land and building societies es dahin zu bringen, daß das aus 3 bis 4 Zimmern, Kammer und Küche bestehende von einem kleinen Garten umgebene Häuschen — die Cottage der Engländer — auch für den deutschen Arbeiter und seine Familie kein unerschwinglicher Luxus bleibe. Wenn z. B. in einzelnen Vorstädten Londons eine „Cottage" von der soeben bezeichneten Größe für 1500—2000 Mk. zu haben ist, so dürfte bei uns, wo Arbeitslöhne und Baumaterialien sich im Allgemeinen billiger stellen als in England, auf dem soeben angedeuteten Wege die Herstellung kleiner billiger Häuser an den äußeren Grenzen unserer Städte sich ebenfalls bewerkstelligen lassen und der kleine Mann, der jetzt häufig 240 bis 300 Mk. Miethe für die ungesunde Keller- oder Dachwohnung eines mit großen Kosten hergestellten vierstöckigen Gebäudes zahlt, wäre in den Stand gesetzt, ohne einen Pfennig mehr zu verausgaben, durch Zinszahlung und allmählige Amortisirung der Kaufsumme in den Besitz eines bescheidenen, aber gesunden Häuschens zu gelangen. Daß der Besitz eines eigenen traulichen home's, der

Gedanke als Hausbesitzer in der Kommune eine Stimme zu haben, seinen Kindern ein festes Grundeigenthum hinterlassen zu können, die sittlichen Eigenschaften der niederen Volksklassen befördern, daß eine gesunde Wohnung die Leistungsfähigkeit des Arbeiters heben würde, das erkannten schon die Fabrikbesitzer zu Mühlhausen im Elsaß, als sie in 1830 zur Herstellung billiger und gesunder Arbeiterwohnungen zusammentraten; das erkannten auch der Prinzgemahl der Königin von England und Napoleon III., als sie in ihren resp. Ländern für die Herstellung solcher Wohnungen thätig waren. Daß auch bei uns — und damit wäre die zweite der oben aufgestellten Fragen beantwortet — die Beschaffnng billiger und gesunder Wohnräume für die arbeitenden Klassen eine Frage von hervorragender Bedeutung ist, daß so viele soziale Uebelstände nur auf diesem Wege beseitigt werden können, daß durch Herstellung glücklicherer häuslicher und Familienverhältnisse der Trunksucht, dem Verbrechen, sowie dem Umsichgreifen der Socialdemokratie entgegengewirkt wird — wer wollte das in Abrede stellen? — Neben der Herstellung neuer Wohnungen für die niederen Volksklassen sollten aber auch in allen Gemeinden durch besondere Kommissionen die jetzt bestehenden Bauten und Wohnungen einer beständigen Kontrole unterworfen werden, um vermiethete ungesunde Wohnungen den Regeln der Gesundheitspflege entsprechend herzustellen oder um doch wenigstens die all zu groben Verstöße gegen deren Lehren — das Zusammenwohnen vieler Personen in engen Räumen, die Anhäufung von Schmutz und Feuchtigkeit, den Mangel an Luft und Licht — zu beseitigen. Ebensowenig wie der Staat die Vergiftung seiner Bürger durch gefälschte Lebensmittel gestattet, ebensowenig darf die Vergiftung der Wohnungsluft gestattet sein und ein Gesetz, wie es in Frankreich schon seit 1850 besteht, wodurch eine jede Gemeinde das

Recht hat, unter Hinzuziehung eines ärztlichen Mitgliedes eine besondere Kommission für die Wohnungskontrole einzusetzen — (um zu verhindern, daß arme Leute durch gewissenlose Hausbesitzer in ihrer Gesundheit geschädigt werden) — die Einsetzung solcher Kommissionen, wie sie z. B. in Paris segensreich wirken, dürfte auch für Deutschland zu empfehlen sein. — Nur mit Befolgung solcher Grundsätze, wie wir sie im Obigen auseinander gesetzt haben, nur mit Beherzigung des „mens sana in corpore sano" wird die sittliche Tüchtigkeit und Bildung der niederen Volksklassen zunehmen, wird unser Volk auf der Bahn der nationalen Entwickelung ungehemmt fortschreiten.

Anmerkungen.

1) Schon Herodot (II, 95) erwähnt die thurmartig erhöhten Bauten die den Egyptern als Schlafstätten dienten, weil sie dort vor den Mückenschwärmen sicher waren. — Vgl. auch die Abbildung des egyptischen Wohnhauses in W. Lübke, Geschichte der Architectur von den ältesten Zeiten bis auf die Gegenwart. Leipzig, E. A. Seemann, S. 21.

2) Näheres über das pompejanische Haus vergleiche bei Lübke a. a. O. S. 198 sowie in Overbeck's großem Werk: Pompeji, Leipzig, Engelmann. — In Rom selbst, wo die zahlreiche Bevölkerung zur möglichsten Benutzung des Raumes zwang, gab es übrigens auch Häuser mit mehreren Stockwerken — die sogenannten Insulae (Inseln) — deren Höhe durch Augustus auf 70 Fuß beschränkt wurde. (Lübke a. a. O. S. 197.)

3) Vgl. Dr. Port, zur Aetiologie des Abdominaltyphus in: Zur Aetiologie der Infectionskrankheiten mit besonderer Berücksichtigung der Pilztheorie, Bd. 1, München 1880, J A. Finsterlin.

4) Vgl. C. von Nägeli, die niederen Pilze in ihren Beziehungen zu den Infectionskrankheiten. München 1877. Oldenburg und Dr. Seyda, über die Natur und Verbreitungsweise der Infectionserreger in: Zur Aetiologie der Infectionskrankheiten rc. Bd. 1.

5) Vgl. Dr. Port a. a. O. S. 135.

6) Vgl. ebendaselbst S. 145.

7) Vgl. C. v. Nägeli a. a. O.

8) Vgl. Dr. Port a. a. O. S. 143 ff.

9) Das gesunde Haus und die gesunde Wohnung von Dr. J. von Fodor, Professor der Hygiene an der Universität Buda-Pest. Aus dem Ungarischen übersetzt. Braunschweig. Vieweg und Sohn 1878 S. 41.

10) Neben dem Verbot, Kellerräume zu Wohnungen oder Verkaufsstellen einzurichten, ist es im höchsten Grade wünschenswerth, daß enge, niedrige Dachkammern nicht länger als Wohn- oder Schlafräume benutzt werden, da die neuere Mortalitätsstatistik ergeben hat, daß die Sterblichkeit in letzteren Räumen eine noch größere ist, als in den Kellerwohnungen.

11) Vgl. Langstaff, On Hospital-Hygiene London 1872.

12) E. von Nägeli (die niederen Pilze in ihren Beziehungen zu den Infectionskrankheiten) empfielt in solchen Häusern, wo ein Bodenabschluß nicht besteht und auch nachträglich nicht hergestellt werden kann, während des Vorherrschens von Typhus- oder Choleraepidemien einen unbewohnten Raum fortwährend stark zu heizen, um die Strömung der Bodenluft dorthin zu lenken und von hieraus in die freie Atmosphäre entweichen zu lassen, während die Wohnzimmer zu solcher Zeit nur mäßig, die Schlafzimmer unter keiner Bedingung geheizt werden dürfen.

13) Unter den desinficirenden Mitteln d. h. den Zerstörern der organischen Keime, welche die Ansteckung vermitteln, stehen das kochende Wasser und der Wasserdampf oben an. Ein Säurezusatz ist nach E. von Nägeli deshalb rathsam, weil das kochende Wasser, welches zur Desinficirung benutzt werden soll, sich sehr bald auf 70° bis 80° C. abkühlt und weil gewisse Bacterienkeime 15 Minuten — einzelne sogar 1—2 Stunden im siedenden Wasser bleiben können, ohne getödtet zu werden. Vgl. bezüglich der letzteren Thatsache: die Untersuchungen Ferdinand Cohn's über die Lebensdauer der Sporen des bacillus subtilis in F. Cohn's Beiträgen zur Biologie der Pflanzen Bd. 2 S. 267 ff. Breslau 1877.

14) Ueber die Abnahme der Typhussterblichkeit in Danzig, Hamburg, München und Frankfurt a. M. berichtete Dr. Leyka auf dem im September 1881 zu Wien abgehaltenen Congreß des Deutschen Vereins für öffentliche Gesundheitspflege. — In Danzig, wo vor der Canalisation der Typhus die characteristische Krankheit war, starben von 1863—1871 durchschnittlich jährlich 70, von 1872—1879 nur 27,5 Personen. — In Frankfurt a. M. starben vor der Kanalisation auf 10,000 Einwohner 6,1—7,9 nach der Kanalisation 2,0—2,8 am Typhus. — In München starben 1852—59 am Typhus 2,4 pr. Mille und nachdem allmählig kanalisirt wurde, 1860—65 nur 1,68, 1866—1873 nur 1,33 und 1874-1880 nur 0,83 pr. Mille. — Auch der mögliche Einwand, daß der Typhus überhaupt abnehme und daß dafür, wie thatsächlich von einigen Seiten angenommen wird, andere Krankheiten — so vor Allem die Diphteritis — vicarirend einträten, wurde von Dr. S. durch die sechsjährigen Aufzeichnungen der Diphteritis- und Typhuserkrankungen zu München widerlegt.

15) Vgl. J. von Fodor a. a. O. S. 72.

16) Daß die Entwicklung der Skrophulose durch den Einfluß der Stubenluft in hohem Grade befördert wird, erhellt daraus, daß „unter

allen Menschenklassen keine so häufig von ausgedehnter Drüsenskrophulose ergriffen wird, als Gefangene, die lange in Straf- und Zuchtanstalten bei meistens unvollständiger Ernährung und namentlich auch ungenügender Ventilation leben". R. Virchow, Geschwülste II, 589.

17) Nach Körösi, die Mortalität der Stadt Pest S. 123 sind daselbst von 1872—1873 unter 100 Todten an ansteckenden Krankheiten gestorben:

in Wohnungen, wo auf ein Zimmer 1— 2 Bewohner kamen 20
"   "   " " "   "   3— 5   "   "   29
"   "   " " "   "   6—10   "   "   32
"   "   " " "   "   über 10 "   "   79

18) Vgl. die Zusammenstellung in: Körösi, Buda-Pest im Jahre 1881. Berlin, Puttkammer und Mühlbrecht.

Die National-Oekonomie als Wissenschaft
und ihre Stellung zu den übrigen Disziplinen.

Rede,

gehalten am 4. Oktober 1882

bei

Uebernahme des Rektorates der Franz-Josefs-Universität Czernowitz.

Von

Dr. jur. **Friedrich Kleinwächter,**

k. k. Reg.-Rath und o. ö. Professor der Staatswissenschaften.

Berlin SW., 1882.

Verlag von Carl Habel.

(C. F. Lüderitz'sche Verlagsbuchhandlung.)

33. Wilhelm-Straße 33.

Das Recht der Uebersetzung in fremde Sprachen wird vorbehalten.

Es ist ein altehrwürdiger Gebrauch der Universitäten, daß der jedesmalige Rektor, sei es an dem Tage, da er in feierlicher Weise in sein Amt eingeführt wird, sei es an dem Tage, an dem die Universität ihr Stiftungsfest begeht, sei es am Geburts- oder Namenstage des Landesfürsten — und unsere Hochschule ist, wie Sie wissen, durch eine seltene Fügung in der Lage alle drei Feste an einem und demselben Tage zu begehen — es ist, sage ich ein altehrwürdiger Brauch der Universitäten Deutsch- lands und Oesterreichs, daß der Rektor an einem der erwähnten Tage angesichts eines festlich versammelten Publikums Namens der Universität, die er vertritt, ich möchte sagen, sein wissen- schaftliches Glaubensbekenntniß ablegt. Und diese Sitte hat ihren guten Grund und ihre Berechtigung. Wohl ist der Rektor nur ein Einzelner aus dem Kreise des Lehrkörpers, der durch die Wahl der Fakultäten für die Dauer eines Jahres an die Spitze seiner Universität berufen wurde und keinem Menschen ist es gegeben aus seiner Individualität herauszutreten und die äußeren Dinge oder Verhältnisse objektiv richtig zu schildern, denn Jeder betrachtet die Außenwelt durch ein mehr oder we- niger subjektiv gefärbtes Glas, und demgemäß darf auch der Rektor, der über die wissenschaftlichen Ziele oder über die Wünsche der Universitäten oder über eine sonstige wissenschaft- liche Frage spricht, sich nicht rühmen die Anschauungen der Universität, die er vertritt, richtig wiederzugeben. Wenn man jedoch die verschiedenen „akademischen Reden" zusammenfaßt, die an den einzelnen Universitäten bei den betreffenden Anlässen im Laufe der Zeit gehalten wurden und alljährlich gehalten werden — und die einschlägige Broschürenliteratur ist bekanntlich eine ziemlich reichhaltige — so erhält man ein ziemlich vollständiges Bild von den Ideen, die die Universitäten bewegen und von den Zielen, die sie anstreben.

Dieser Sitte folgend, will denn auch ich am heutigen Tage mein wissenschaftliches Glaubensbekenntniß vor Ihnen ablegen und mein bescheidenes Schärflein beitragen zu dem reichen Schatz an Wissen, der im Laufe der Jahre in jenen „akademischen Reden" niedergelegt wurde. Das Thema, welches ich heute vor Ihnen zu erörtern gedenke, lautet: Die Nationalökonomie als Wissenschaft und ihre Stellung zu den übrigen Disziplinen.

Zwei Momente waren es namentlich, die mich bei der Wahl dieses Themas geleitet haben. Zunächst war es die Erwägung, daß der akademische Lehrer nach dem Ausspruche des großen griechischen Weisen: „Erkenne dich selbst" die Pflicht hat, sich gelegentlich die Frage vorzulegen, einmal ob denn das Fach, das er vertritt, auch wirklich das Recht habe als Wissenschaft zu gelten, d. h. ob das betreffende Fach als solches in den Kreis der Wissenschaften gehört, und wenn dies der Fall, ob sodann das Entwickelungsstadium, in dem diese Disziplin sich gegenwärtig befindet, auch denjenigen Anforderungen entspricht, die man mit dem Begriffe „Wissenschaft" oder „Wissenschaftlichkeit" zu verbinden gewohnt ist. Mit anderen Worten, was mir vorschwebt, ist die Frage: „Ist die Nationalökonomie als solche eine Wissenschaft?", und sodann die fernere Frage: „Darf die heutige Nationalökonomie schon den Anspruch erheben als eine eigentliche Wissenschaft zu gelten, oder ist dies bisher noch nicht der Fall?"

Zum Zweiten habe ich bei der Wahl meines heutigen Themas speziell an Sie, meine jungen Freunde, gedacht, die Sie mit Stolz sich Jünger der Wissenschaft nennen. Die Erörterung dieses Themas giebt mir nämlich Gelegenheit eine Frage zu besprechen, die Sie Alle, — ohne Rücksicht auf die Fakultät, der Sie zufällig angehören — berührt, d. i. die Frage, was unter „Wissenschaft" zu verstehen ist. Ueberdies glaube ich, daß ein näheres Eingehen auf das Wesen der Wissenschaft auch eine gewisse praktische Bedeutung und Berechtigung hat. Es giebt nämlich gewisse Worte, die die ganze Welt im Munde führt, die man tagtäglich ausspricht, über deren Sinn man jedoch selten oder niemals nachdenkt. Ein derartiges Wort erscheint mir der Ausdruck „Wissenschaft" zu sein. Jeder von Ihnen, meine jungen Freunde, die Sie der Universität angehören oder dieselbe zu beziehen im Begriffe sind, gebraucht diesen Ausdruck kontinuirlich, denn Jeder von Ihnen spricht mit Vorliebe von den Wissenschaften, die an der Universität gelehrt werden, von den Wissenschaften, die er zum Gegenstande seines Studiums gewählt u. dgl. Ich fürchte aber, daß so Mancher um die Antwort verlegen sein dürfte, wenn man ihn ersuchen würde eine genaue Definition dessen zu geben, was er sich unter dem Worte „Wissenschaft" denkt. Damit soll Ihnen kein Vorwurf gemacht sein, denn keinem Menschen ergeht es besser. Jeder von uns gebraucht kontinuirlich eine Menge von Worten und ist zufrieden, wenn ihm die Begriffe, die er damit ausdrücken will, nur annähernd geläufig sind, und Jeder von uns würde in arge Verlegenheit gerathen, wenn von ihm eine genaue Definition dieses Begriffes oder eine genaue Beschreibung des betreffenden Gegenstandes verlangt würde. Wer außer dem Ingenieur z. B. ist im Stande alle Bestandtheile einer Lokomotive oder einer sonstigen Maschine aufzuzählen, welcher Laie ist im Stande uns genau zu sagen, was etwa unter dem Worte „Rose" oder „Pferd" zu verstehen ist; ja noch mehr, wer von uns ist im Stande die Begriffe „Thier" oder „Pflanze", die doch uns allen seit unserer Kindheit so geläufig sind, genau zu definiren? Ich glaube daher, daß es nicht unangemessen sein wird, wenn wir zuerst versuchen uns über den Begriff „Wissenschaft" zu verständigen. Haben wir diesen Begriff genau präzisirt, so wird die Beantwortung der weiteren Frage, ob die Nationalökonomie als solche in den Kreis der Wissenschaften gehört oder nicht, verhältnißmäßig leicht zu beantworten sein.

Am sichersten — glaube ich — werden wir zum Begriffe der Wissenschaft gelangen, wenn wir auf dem Gebiete der verschiedenen Wissenschaften Umschau halten und zu ermitteln trachten, worin dasjenige besteht, was man als wissenschaftliche Forschung bezeichnet. In dieser Beziehung nun scheint es mir zunächst keinem Zweifel zu unterliegen, daß der Begriff „Wissenschaft" jedesmal eine gewisse Summe von Wissen, d. i. von positiven Kenntnissen voraussetzt. Wer sich eingehender mit einer Wissenschaft beschäftigen will, muß jedesmal damit beginnen eine gewisse Summe von Daten seinem Gedächtnisse mechanisch einzuprägen, was allerdings in der Regel keine besonders anregende Beschäftigung ist. Wenn Sie daher, meine jungen Freunde, in der Volksschule gezwungen waren das Alfabet oder das Ein=mal=eins auswendig zu lernen, wenn Sie am Gymnasium eine Menge lateinischer und griechischer Vokabeln oder eine Reihe von historischen Daten sich aneignen mußten, und wenn Sie ferner an der Universität abermals gezwungen sind unabsehbare Reihen von Paragrafen, von mathematischen oder chemischen Formeln u. dgl. Ihrem Gedächtnisse einzuprägen und wenn Sie finden, daß dies mitunter eine recht ermüdende und lästige Arbeit ist, so bin ich sehr gern bereit Ihnen dies zuzugestehen, aber über diese Schwierigkeit kommen Sie nie und nimmer hinweg, denn eine Summe derartiger positiver Kenntnisse bildet eben, wie gesagt, die unentbehrliche Voraussetzung und Grundlage jeder Wissenschaft.

Der natürliche Instinkt sagt uns indeß, daß eine derartige Summe todten Wissens noch keine Wissenschaft ist. Oder werden Sie etwa einen Pferdeliebhaber, der im Stande wäre Ihnen die sämmtlichen Pferde einer Stadt nach Größe, Farbe, Alter und Geschlecht ganz genau zu beschreiben, einen wissenschaftlich gebildeten Zoologen, werden Sie Jemanden, der ein lateinisches oder griechisches Wörterbuch auswendig gelernt hat und wie das „Vaterunser" herunterrezitiren kann, einen wissenschaftlich gebildeten Philologen nennen? Ich glaube nicht, und thatsächlich giebt es heute keine Wissenschaft, in welcher der Forscher sich mit einem derartigen unorganischen Aggregat einfacher Daten begnügen würde. Wir verlangen etwas mehr als eine bloße Summe von todten Kenntnissen wenn wir von „Wissenschaft" sprechen, und dieses Mehr besteht in der Kenntniß der Einheit in der Vielheit. Fassen Sie irgend ein beliebiges Wissensgebiet in's Auge und betrachten Sie die Vielheit der einschlägigen Erscheinungen oder Dinge, so werden Sie jedesmal finden, daß gewisse leitende Ideen, Grundsätze oder Typen regelmäßig wiederkehren. Vergleichen Sie — um bei dem früher gewählten Beispiele zu bleiben — die verschiedenen Pferde äußerlich mit einander oder nntersuchen wir ihren anatomischen Bau, so werden Sie sehr bald zu der Ueberzeugung gelangen, daß die meisten Merkmale bei den verschiedenen Individuen dieser Thiere sich regelmäßig wiederfinden, und daß die letzteren nur in wenigen Punkten (die wir darum als „unwesentliche" Merkmale bezeichnen), wie etwa in der Farbe, Größe, im Geschlecht u. dgl. sich von einander unterscheiden.

Vergleichen Sie ferner die verschiedenen Worte einer Sprache mit einander, so werden Sie finden, daß der Bau der Worte, ungeachtet all ihrer Verschiedenheit nach gewissen einheitlichen Regeln erfolgt, wie dies beispielsweise bei der Deklination und Konjugation oder bei den zusammengesetzten Worten der Fall ist, oder daß der Satzbau gewissen Regeln unterworfen ist. Mit einem Worte, wer sich eingehender mit einer Sprache befaßt, wird bald die Beobachtung machen, daß die Sprache von einer Grammatik und Syntax beherrscht wird. Oder studiren Sie die Geschichte eines Volkes, so werden Sie auch hier wieder bald zur Ueberzeugung gelangen, daß in der Vielheit der historischen Daten gewisse leitende Ideen zur Erscheinung gelangen, oder mit anderen Worten, daß das betreffende Volk in den einzelnen Perioden seiner Geschichte von gewissen leitenden Ideen erfüllt und bewegt war. Desgleichen lehrt ein Blick auf den Verfassungs- und Verwaltungsorganismus der verschiedenen Staaten, daß die staatlichen Einrichtungen bei allen Kulturvölkern, von verhältnißmäßig unbedeutenden Modifikationen abgesehen, in der Hauptsache die nämlichen sind. Und diese Thatsache wiederholt sich allerorts, wohin wir das Auge auch wenden mögen.

Ein derartiges Suchen nach den Regeln oder Gesetzen, welche die Vielheit der Erscheinungen beherrschen, oder nach den leitenden Ideen, die in der Mannigfaltigkeit der Thatsachen oder Dinge zur Entscheidung gelangen, bildet den Anfang, den ersten Schritt der Wissenschaft, ist wissenschaftliche Thätigkeit. Daher ist es wissenschaftliche Thätigkeit, wenn beispielsweise der Jurist die verschiedenen Paragraphen und Bestimmungen der österreichischen Gesetzgebung, welche auf das Eigenthum, auf die väterliche Gewalt u. dgl. Bezug nehmen, zusammenstellt, und wenn er hieraus ein einheitliches und abgerundetes Bild dieser betreffenden gesetzlichen Institution zu entwickeln versucht. Und nicht minder ist es wissenschaftliche Thätigkeit, wenn der Literarhistoriker etwa aus den Schriften eines Göthe oder Schiller, oder wenn der Theolog aus den heiligen Büchern seiner Konfession oder aus den Schriften eines Schriftstellers seiner Kirche die leitenden Ideen oder das System herauszieht, von denen der betreffende Autor ausging.

In den meisten Fällen wird sich indeß der Wissensdrang mit diesem ersten Schritt nicht zufrieden stellen können, weil ein weiteres Forschen bald zeigt, daß eine höhere Einheit vorhanden ist. Der Zoolog — um abermals auf das frühere Beispiel zurück zu kommen — der zu der Ueberzeugung gelangt ist, daß die Pferde in ihrem anatomischen Bau übereinstimmen, wird sich mit diesem Resultate nicht begnügen, er wird vom Besonderen zum Allgemeinen fortschreitend bald die Entdeckung machen, daß gewisse anatomische Merkmale, die bei den Pferden vorkommen, auch bei anderen Thieren wiederkehren. Er wird vom Genus „Pferd" bald zur Familie der Einhufer, zur Klasse der Säugethiere ꝛc. emporsteigen, kurz er wird bald zu der Ueberzeugung gelangen, daß das gesammte Thierreich in Bau und Leben gewissen einheitlichen Gesetzen unterliegt. Ebenso wird der Sprachforscher nicht bei der Grammatik und Syntax der einen Sprache stehen bleiben können, sondern durch Vergleichung dieser Sprache mit den übrigen die Beobachtung machen, daß die verschiedenen Sprachen unter einander verwandt sind, daß sie auch ihrerseits im Wort- und Satzbau gewissen einheitlichen Gesetzen und Regeln unterliegen. Desgleichen wird auch der Jurist, der die verschiedenen Institutionen etwa des österreichischen Rechtes ergründet hat und zu der Ueberzeugung gelangt ist, daß dem österreichischen Rechte gewisse einheitliche Prinzipien oder leitende Ideen zu Grunde liegen, die in der Vielheit der einzelnen Gesetze zur Erscheinung gelangen, sich mit diesem Resultate seiner Forschung nicht begnügen, sondern das österreichische Recht mit den Rechtssystemen der fremden Völker vergleichen und auch seinerseits zu dem Ergebnisse gelangen, daß auch die Rechtssysteme der Kulturstaaten in der Hauptsache mit einander übereinstimmen.

So sucht die wissenschaftliche Forschung nach den Gesetzen, welche die Vielheit der Erscheinungen beherrschen, sie bringt sodann die einzelnen Erscheinungen je nach ihrer Verwandtschaft in Gruppen und sucht hierauf weiter die Gesetze, welche ihrerseits wieder diese Gruppen von Erscheinungen beherrschen u. s. f. bis sie auf diese Weise zur erreichbar höchsten Einheit, zum höchsten Gesetz, das wir für diese bestimmte Kategorie von Erscheinungen überhaupt erreichen können, emporgestiegen ist.

Indeß kann sich auch damit der Wissensdrang nicht zufrieden

geben. Dem forschenden Geiste genügt es nicht die Kenntniß der Thatsachen und der sie beherrschenden Gesetze erworben zu haben, er muß vielmehr bald die Frage aufwerfen: „Wie ist das Bestehende geworden?" So schließt sich allerorts von selbst an das Studium des betreffenden Faches das Studium der Geschichte dieses Faches. An das Studium der Anatomie, Physiologie u. s. w. der Thiere und Pflanzen reiht sich das Studium der Entwicklungsgeschichte der Organismen, an die Philologie das der Entwicklungsgeschichte der Sprachen, an die Rechtswissenschaft die Rechtsgeschichte u. s. w.

Allein auch die Kenntniß der Entwicklungsgeschichte bedeutet noch nicht die letzte Lösung des Räthsels für den forschenden Geist. Kennt man nämlich den Entwicklungsgang der betreffenden Dinge oder Erscheinungen, so wird schließlich noch die letzte Frage auftauchen: „Warum haben sich die Dinge eben so und nicht anders entwickelt?", d. i. mit anderen Worten die Frage nach den Gründen, welche den Entwicklungsgang der Dinge beeinflußt haben und nach den Gesetzen, welche diesen Entwicklungsgang beherrschen. Erst wenn diese Frage in befriedigender Weise beantwortet wurde, können wir sagen, daß dem Forschungsdrange, der uns eingeboren ist, Genüge geschehen ist, erst dann können wir sagen, daß wir wissen, was wir wissen wollten. Demgemäß möchte ich die Wissenschaft definiren als:

„Die Kenntniß der betreffenden Thatsachen, Erschei„nungen oder Dinge; die Kenntniß der Gesetze, welche „die Vielheit dieser Thatsachen, Erscheinungen oder „Dinge beherrschen (beziehentlich der leitenden Ideen, „welche in dieser Vielheit zur Erscheinung gelangen); „die Kenntniß des Entwicklungsganges dieser That„sachen, Erscheinungen oder Dinge; und die Kenntniß „der Gründe und Gesetze, welche diesen Entwicklungs„gang beeinflußt haben, beziehentlich beherrschen."

Wenden wir diese Definition auf die Nationalökonomie, d. h. auf dasjenige Wissensgebiet an, welches die National» ökonomie zu erforschen hat, so kann es wohl keinem Zweifel unterliegen, daß diese Disziplin als solche in den Kreis der Wissenschaften gehört. Indeß möchte ich, ehe ich auf diese Frage näher eingehe, einen Zweig des Wissens kurz berühren, der meines Erachtens oft mit der Wissenschaft verwechselt wird, und der doch begrifflich von derselben scharf gesondert werden sollte. Ich meine Dasjenige, was man als „Kunst" bezeichnet. Die Wissenschaft als solche ist — wie wir gesehen haben — ein rein theoretisches „Wissen" ohne jede Beziehung auf die Praxis, auf das „Können". Dem entgegen bedeutet „Kunst" in diesem Sinne (der allerdings weit mehr umfaßt als die par excellence sogenannten „schönen Künste") ein „Können", eine Fertigkeit, Dasjenige, was der Mensch zu thun vermag. Aller» dings setzt auch die Kunst ein gewisses „Wissen" voraus, allein während das Wissen in der Wissenschaft eine rein theoretische Kenntniß, ich möchte (so ungern ich einen der eigentlichen Fach» Philosophie entlehnten Ausdruck gebrauche) sagen: ein „Wissen an sich" ist, ist das Wissen, das die Kunst voraussetzt, ein praktisches Wissen, ein Wissen wie man es anstellen soll um irgend Etwas fertig zu bringen. Das Lesen, Schreiben, Zeichnen, Rechnen, die Fähigkeit seine Gedanken in Worte zu kleiden, sie faßlich und in abgerundeter Form darzustellen, ist eine Kunst in diesem Sinne. Eine Kunst ist die Fertigkeit die verschiedenen Stoffe zu bearbeiten oder zu verarbeiten, sei es um sogenannte Kunst» werke im engeren Sinne (Bauwerke, Bildsäulen, Gemälde u. dgl.), sei es um eigentliche Industrieerzeugnisse aus ihnen her» zustellen. Desgleichen ist eine Kunst in diesem Sinne die praktische Medizin, die Therapie, d. i. die Fertigkeit des Arztes, die die» jenigen Bedingungen herbeizuführen, welche die Wiederherstellung des kranken Organismus begünstigen, nicht minder ist eine Kunst die staatliche Politik, die praktische Landwirthschaft, u. s. w.

Wissenschaft und Kunst stehen an sich in gar keinem Zusammenhange, denn Wissen und Können (oder Thun) sind ursprünglich zwei ganz heterogene, von einander ganz unabhängige Funktionen. Indessen giebt es doch zwei Punkte, an welchen dieselben sich berühren.

Zunächst kann sich die Wissenschaft der verschiedenen Künste bemächtigen und sie zum Gegenstande ihrer rein theoretischen Forschung machen. Die Wissenschaft, die sich mit den schönen Künsten beschäftigt, mit der Malerei, der Plastik, der Architektur, der Poesie, der Musik, ist bekanntlich die Aesthetik (die allerdings heute noch viel zu viel „philosophisch" konstruirt statt induktiv zu forschen) und die Kunstgeschichte. Sie analysirt die einzelnen Kunstwerke (oder sollte es wenigstens thun) und sucht aus der Vergleichung die Einheit in der Vielheit, das ist das Schönheitsideal eines bestimmten Volkes, in einer bestimmten Periode zu abstrahiren und forscht nach den Gesetzen, welche den Entwicklungsgang der schönen Künste beherrschen. Auf dem Gebiete der gewerblichen Kunst ist es die Technologie, welche die verschiedenen Methoden der Bearbeitung und Verarbeitung der Rohstoffe zum Gegenstande hat und hier nach den leitenden Ideen (der Einheit in der Vielheit) und nach den Gesetzen des gewerblichen Fortschrittes sucht.

Der zweite Berührungspunkt zwischen Wissenschaft und Kunst ergiebt sich aus der Wissenschaft selbst. Sofern nämlich die Wissenschaft die Dinge der äußeren Natur oder das sog. geistige Leben der Menschen zum Gegenstande hat und den historischen Entwicklungsgang der betreffenden Dinge oder Thatsachen zu erforschen trachtet, befaßt sie sich mit der Frage, wie gewisse äußere Umstände, sei es auf die sog. anorganischen Körper, sei es auf die Organismen, sei es auf den Gedankengang oder die sog. geistige Entwicklung des Menschen eingewirkt haben, d. h. die Wissenschaft sucht zu erforschen, wie die anorganischen Körper, die Organismen oder die denkenden Menschen auf eine bestimmte Aktion reagiren. Allerdings sucht die Wissenschaft zunächst dieses Verhältniß zwischen Ursache und Wirkung nur theoretisch (lediglich um den Wissensdrang zu befriedigen) zu erforschen, allein es liegt in der Natur der Dinge, daß der Mensch, der weiß, welche Wirkungen bestimmte Ursachen hervorbringen, sehr bald darauf verfallen wird sein Wissen praktisch zu verwerthen, d. h. daß er versuchen wird auf die Außenwelt in der bestimmten Weise einzuwirken um die gewünschten Resultate willkürlich herbeizuführen. So leitet die Wissenschaft von selbst zur Kunst hinüber, indem sie dem Menschen die Mittel und Wege lehrt, wie er auf die Außenwelt einwirken soll um denjenigen Zustand herbeizuführen, den er herbeigeführt sehen will.

Trotzdem ist und bleibt das letzte Ziel der Wissenschaft immer nur das rein theoretische „Wissen" und hat die Wissenschaft als solche mit der praktischen Anwendung dieses Wissens, mit dem „Können" nichts zu thun. Wo dieses anfängt, hört die Wissenschaft auf und tritt die „Kunst" in ihr Recht. Demgemäß scheint es mir prinzipiell verfehlt, wenn beispielsweise die Finanzwissenschaft definirt wird als die „Wissenschaft" von der besten Finanzverwaltung, oder die Landwirthschaftslehre als die „Wissenschaft" von dem besten Betrieb der Landwirthschaft. Und dergleichen Definitionen ließen sich dutzendweise aufzählen. Eine Lehre „vom besten Betriebe" dieses oder jenes Geschäftes oder „von der besten Verwaltung" dieser oder jener Angelegenheiten ist keine Wissenschaft mehr, sondern ein Leitfaden oder ein Handbuch zur Erlernung dieser oder jener Kunst oder Fertigkeit. Die Wissenschaft ist weder ein Rezeptirbuch noch eine Sammlung von Rezepten, sondern immer nur ein theoretisches Wissen ohne Rücksicht auf dessen praktische Anwendung, sie sagt ihrem Jünger wohl: „so und so ist es", sie kann ihm aber nie und nimmer sagen: „so und so mußt Du es machen um Das oder Jenes herbeizuführen", denn sobald sie dies thut, hört sie auf Wissenschaft zu sein und wird zur Kunst. In der Praxis allerdings ist es nicht möglich diese beiden Gebiete scharf auseinander zu halten. Speziell der akademische Lehrer ist kontinuirlich gezwungen, seine Hörer auf die Nutzanwendung des Gelernten hinzuweisen, aber begrifflich sind Wissenschaft und Kunst scharf auseinander zu halten.

Ich glaube in einer Versammlung wie die heutige wohl nicht besonders hervorheben zu müssen, daß diese meine Auseinandersetzung lediglich eine scharfe Sonderung zweier Begriffe zum Gegenstande hat und daß ich weit davon entfernt bin etwa ein Rangverhältniß zwischen Wissenschaft und Kunst statuiren zu wollen; denn beide sind selbstverständlich gleichwerthig. Der Zweck der Wissenschaft ist: unseren Wissensdrang — oder, wenn Sie wollen, unsere Neugier — zu befriedigen, Zweck der Kunst ist: diejenigen Gegenstände herzustellen oder denjenigen Zustand herbeizuführen, die oder den wir wünschen.

Kehren wir nun nach dieser Abschweifung wieder zu unserer Frage zurück, so unterliegt es — wie ich schon vorhin bemerkte — keinem Zweifel, daß die Nationalökonomie als solche in den Kreis der Wissenschaften gehört, weil alle Merkmale, die ich in die Definition der Wissenschaft aufnehmen zu sollen glaubte, für unsere Disziplin zutreffen.

Zunächst bedarf es selbstverständlich keines weiteren Beweises dafür, daß die Nationalökonomie die Erscheinungen und Einrichtungen des wirthschaftlichen Lebens kennen muß und thatsächlich kennt. Der Wissenschaft, die sich kontinuirlich mit der Produktion und Konsumtion der Güter, mit der sog. Grundrente, dem Zinse, dem Arbeitslohne und dem Unternehmergewinne, mit Banken, Genossenschaften, Zünften, Eisenbahnen, Kanälen, Straßen ꝛc. ꝛc. beschäftigt, können selbstverständlich alle diese Dinge keine unbekannten Größen sein. Die Kenntniß des Details mag allerdings so Manches zu wünschen übrig lassen, allein derartige Einzelnheiten sind theils unwesentlich, theils entziehen sie sich dem Auge des Forschers überhaupt. Man kann dem Anatomen nicht zumuthen, daß er etwa alle erdenklichen Mißbildungen des Herzens oder irgend eines anderen Organes kennen soll, die möglicher Weise bei irgend einem Individuum in der weiten Welt vorgekommen sind; man kann es daher auch dem Volkswirth nicht verdenken, wenn er nicht weiß, ob diese oder jene Forderung irgend welcher streikender Arbeiter gerechtfertigt war oder nicht, oder ob der Preis dieses oder jenes Artikels aus diesem oder jenem Grunde um ein Paar Kreuzer gestiegen oder gefallen ist.

Wenn ich zweitens in meiner Definition der Wissenschaft sagte, daß es die nächste Aufgabe der Wissenschaft sei, nach der Einheit in der Vielheit zu suchen, so gilt auch dies für die Nationalökonomie, und zwar scheint es mir, daß dieses Suchen nach der Einheit in der Vielheit in der Volkswirthschaftslehre eine doppelte Gestalt annehmen soll.

Zunächst möchte ich sagen, daß die Nationalökonomie eine ähnliche Aufgabe zu lösen hat, wie die deskriptive Anatomie und die Physiologie. Die deskriptive Anatomie und die Physiologie haben bekanntlich die Aufgabe, die einzelnen Organe des animalischen Körpers und deren Funktionen zu beschreiben, sie können dies aber nicht mechanisch etwa in der Weise thun, daß sie das Herz oder das Gehirn u. dgl. herausgreifen und für sich allein in's Auge fassen, sondern sie müssen stets den Zusammenhang der einzelnen Organe berücksichtigen und hervorheben, wie alle einzelnen Bestandtheile des Körpers sich gegenseitig stützen und fördern und wie sie alle dem einen Zwecke dienen, den Gesammtorganismus zu erhalten. Und erst wenn sie dies thun, wenn sie nachweisen, wie die Einheit des Organismus in der Vielheit der Organe zur Geltung gelangt, können sie Anspruch darauf erheben als Wissenschaften zu gelten. Dem ganz analog scheint mir die Aufgabe der Nationalökonomie zu sein. Die sämmtlichen Einzelnwirthschaften eines Volkes bilden die einheitliche Volkswirthschaft eines Landes und so sehr es auch scheinen mag, daß die Wirthschaft eines Grundbesitzers der eines Maschinenfabrikanten ganz fremd und unabhängig gegenübersteht, oder daß die Thätigkeit eines Handwerkers mit der Leistung eines Arztes gar nichts gemein hat, so stehen doch alle diese Wirthschaften und Thätigkeiten in regem Wechselverkehr und bildet es die Aufgabe der Volkswirthschaftslehre diesen Zusammenhang (die Einheit in der Vielheit) nachzuweisen und zu zeigen, wie alle diese Einzelnwirthschaften und thätigen Individuen dem einen Zwecke dienen: den Gesammtbedarf der Bevölkerung an Gütern zu decken. Und wie ferner die Pathologie zeigen soll, wie sich die einzelnen Organe in Folge der Einwirkung äußerer Umstände verändern und eventuell degeneriren, so soll auch die Nationalökonomie nachweisen, welche Gestalt, sei es die gesammte Volkswirthschaft, seien es einzelne wirthschaftliche Institutionen unter dem Eindrucke dieser oder jener äußeren Verhältnisse oder Umstände annehmen.

Die Nationalökonomie kann sodann in ähnlicher Weise vorgehen wie die Zoologie. Der Zoolog betrachtet und untersucht bekanntlich die verschiedenen Thiere und bringt sie nach ihrer Verwandtschaft in Klassen. Ebenso kann der Volkswirth die verschiedenen Einzelnwirthschaften betrachten und vergleichen. Thut er dies, so wird er bald zu der Ueberzeugung gelangen, daß die einzelnen Privatwirthschaften bald größere bald geringere Aehnlichkeiten mit einander aufweisen und daß in den gleichen Privatwirthschaften ziemlich gleiche Prinzipien zur Erscheinung gelangen. Die wirthschaftliche Thätigkeit einer Hausfrau beispielsweise ist allerdings von der Wirthschaft einer Eisenbahndirektion wesentlich verschieden, allein wenn man etwa die verschiedenen Hausfrauen in's Auge faßt und beobachtet, wie sie wirthschaften, so zeigt sich's, daß die wirthschaftlichen Sorgen in allen Haushaltungen (Sorge für die Dienstboten, Anschaffung der Lebensmittelvorräthe, Erhaltung des Wohnungsmobiliars, 2c. 2c.)

ziemlich die nämlichen sind und daß demgemäß die verschiedenen Hausfrauen in ihrer Wirthschaft nach annähernd gleichen Grundsätzen vorgehen. Und wie in der Hauswirthschaft, so zeigt sich andererseits in der Wirthschaft der Eisenbahndirektionen, der Gewerbetreibenden, der Handelsleute, der Bergwerksbesitzer, der Landwirthe ꝛc. ꝛc. jedesmal eine gewisse Uebereinstimmung und man kann daher die Prinzipien und Einrichtungen dieser verschiedenen Privatwirthschaften (mit Emminghaus) in eine Allgemeine Hauswirthschafts-, Eisenbahn-, Gewerks-, Handels-, Landwirthschaftslehre u. dgl. m. zusammenfassen.

Als dritte und vierte Aufgabe habe ich — wie Sie sich erinnern werden — in meiner Definition die Erforschung des historischen Entwicklungsganges der betreffenden Thatsachen, Erscheinungen oder Dinge bezeichnet, und die Erforschung der Gründe und Gesetze, die diesen Entwicklungsgang beeinflußt haben, beziehentlich beherrschen. Die heutige Volkswirthschaft ist ein Produkt der historischen Entwicklung und hatte in früheren Zeiten eine wesentlich andere Gestalt. Sie war im Alterthum in Folge des Vorherrschens der Sklaverei und des verhältnißmäßig gering entwickelten Verkehrs vorwiegend Oikenwirthschaft (Produktion im Hause für den eigenen Bedarf des Hauses), sie war in der zweiten Hälfte des Mittelalters bei dem fast gänzlichen Mangel an Straßen fast ausschließlich Stadtwirthschaft, erweiterte sich dann immer mehr und mehr zur Volkswirthschaft und ist heute in Folge der kontinuirlichen Vervollkommnungen des Transportwesens im Begriffe sich zur Weltwirthschaft zu entfalten. Die Aufgabe der Nationalökonomie ist es diesen Entwicklungsprozeß klar zu stellen und nachzuweisen, auf welche Umstände diese succeffive Umgestaltung der Volkswirthschaft im Ganzen sowie der einzelnen wirthschaftlichen Einrichtungen zurückzuführen ist und die Gesetze zu finden, denen der wirthschaftliche Entwicklungsgang der Menschheit unterworfen ist.

Sie sehen, daß alle Merkmale, die ich vorhin in die Definition der Wissenschaft aufnehmen zu sollen glaubte, auf die Nationalökonomie Anwendung finden. Es kann daher meines Erachtens nicht leicht einem Zweifel unterliegen, daß diese Disziplin als solche in den Kreis der Wissenschaften gehört. Nicht so unbedingt dagegen möchte ich die zweite der beiden Fragen bejahen, die ich im Eingange meiner Rede aufgeworfen habe, ich meine die Frage, ob schon die heutige Nationalökonomie darauf Anspruch erheben könne als Wissenschaft zu gelten. In dieser Beziehung bekenne ich mich offen und unumwunden als unbedingter Anhänger Lassalle's, der am Schlusse der Vorrede zu seinem „Herr Bastiat-Schulze von Delitzsch" (Seite VII und VIII der Berliner Ausgabe von 1874) sagt: „Die Nationalökonomie ist eine Wissenschaft, für die erst Anfänge existiren, und die noch zu machen ist!" Ich muß Ihnen ganz offen gestehen, daß nach meiner Ueberzeugung die Nationalökonomie, ungeachtet ihrer in's Riesenhafte angeschwollenen Literatur heute noch nicht weit über ihre ersten Anfänge hinaus gekommen ist und daß man von ihr nach meinem Dafürhalten heute nicht viel mehr sagen kann, als: sie sei im Begriffe eine Wissenschaft zu werden. Allerdings muß ich aber sofort hinzufügen, daß auch die übrigen Wissenschaften heute noch sehr, sehr weit von demjenigen entfernt sind, was ich früher als das Ziel der Wissenschaften bezeichnen zu sollen glaubte, ja daß es sehr fraglich ist, ob es dem Menschen mit seinen schwachen Kräften jemals gelingen wird, bis an jenes letzte Ziel vorzudringen, das jeder wissenschaftlichen Forschung vorschwebt und vorschweben muß.

Vergegenwärtigen Sie sich beispielsweise nur die Zoologie und die Thatsache, daß der Zoolog die ausgestorbenen Thierformen nur aus den vorhandenen Knochenüberresten und Versteinerungen kennen lernen kann, die ein geistreicher Forscher in treffender Weise als „Denkmünzen der Schöpfung" bezeichnet hat.

Wie furchtbar lückenhaft ist nicht dieses Material! Und selbst wenn es der Menschheit jemals gelingen sollte, alle jene Knochenüberreste und Versteinerungen an's Tageslicht zu schaffen, die tief unten eingebettet sind im Untergrund des Ozeans oder im Innern der Gebirge, würden wir von einer vollständigen Kenntniß der sog. vorweltlichen Thierformen noch ebenso weit entfernt sein als heute, weil alle jene animalischen Organismen, die weder Knochen noch eine harte Schale besaßen, uns eben keine Spur ihres Daseins hinterlassen konnten. Wird es also der Zoologie und Paläontologie kaum jemals gelingen, die genaue Entwicklungsgeschichte der heutigen Thierarten vollständig aufzuhellen, wie soll es ihr dann je möglich werden, die Gründe aufzufinden, welche bewirkt haben, daß die Organismen sich eben so und nicht anders entwickelten, wie soll es ihr gelingen, die Gesetze zu entdecken, welche jene Entwicklung allgemein beherrschen?

Aehnlich scheinen mir die Dinge bei der Sprachforschung zu liegen. Die einzelnen Worte und Laute nehmen bekanntlich bei den verschiedenen Völkern verschiedene Gestalt an; die lateinische „aqua" z. B. hat sich im Italienischen allerdings unverändert erhalten, bei den Franzosen wurde sie jedoch in „eau", bei den Rumänen in „apa" umgewandelt, während der Deutsche „Aa", „Ach" oder „Ache" sagt; worin liegt der Grund dieser Erscheinung? Warum übergeht das deutsche reine „t" im Englischen mitunter in den weichen Zischlaut „th" (father, mother)? Warum sagt der Russe „golowa" (der Kopf), während der Czeche „hlava" spricht? Warum sprechen wir Deutschen den Laut „Q" wie „Kw", während der Romane ihn wie ein reines „K" ausspricht? Warum nimmt das hochdeutsche reine „K" im schweizer oder tiroler Dialekt einen dumpfen Guttural-Klang (wie „Kch") an? Diese Erscheinung — und dem Sprachforscher wäre es ein Leichtes Ihnen noch einige Hundert derartiger Beispiele aufzuzählen —

muß einen bestimmten Grund haben. Als Laie kann ich mich allerdings nicht unterfangen, Ihnen diese Thatsache endgiltig erklären zu wollen, allein wenn von einzelnen Forschern die Ansicht ausgesprochen wurde, daß diese Wandlung der Laute wenigstens theilweise auf physiologische Ursachen, auf einen verschiedenen Bau der Kinnladen, der Mundhöhle, der Zunge u. dgl. bei den verschiedenen Völkern zurückzuführen sei, so scheint mir — so weit ich mir überhaupt ein Urtheil in derartigen Fragen anmaßen darf — dies eine Erklärung zu sein, die Manches für sich hat. Ist diese Erklärung aber richtig, dann sehen Sie auch sofort, wie schwer es dem Sprachforscher oder Physiologen wird, die Umgestaltung der Laute und Worte, wie sie sich im Laufe der Jahrhunderte und Jahrtausende vollzogen hat, zu erklären; denn wie soll es dem Forscher jemals gelingen, den physiologischen Bau oder die Beschaffenheit der Sprachorgane längst ausgestorbener Völker oder Rassen zu ermitteln?

Oder meinen Sie, daß die Musikwissenschaft sich in einer günstigeren Lage befindet? Wir wissen heute noch nicht den physiologischen Grund, warum uns die Terz oder die Octave als ein Wohlklang erscheint, wie also soll es uns gelingen, den Grund aufzufinden, warum die Terz bei den alten Griechen als eine Dissonanz galt. Wie wollen Sie es wissenschaftlich erklären, daß beispielsweise der Chinese — dessen Musik nach dem Zeugnisse aller gebildeten Europäer ein ohrenzerreißendes wüstes Getöse ist — den Aufführungen seines heimathlichen Orchesters mit demselben Entzücken lauscht, mit dem unsere Musikliebhaber etwa eine Beethoven'sche Symphonie anhören? Welchen Ursachen ist es zuzuschreiben, daß die Entwicklung unserer europäischen Musik (oder, wenn Sie wollen, unserer Architektur, Poesie, Plastik oder Malerei) just diesen und nicht einen andern Entwicklungsgang genommen hat; warum schwärmt der Italiener mit ebenso großer Begeisterung etwa für seinen Donizetti, Rossini oder Verdi, wie wir Deutschen für unseren Wagner?

Mit einem Worte, Sie können sich umsehen in welcher Wissenschaft Sie wollen, so werden Sie allerorts finden, daß die Zahl der ungelösten Fragen in jeder Disziplin die der gelösten um ein Namhaftes übersteigt und daß es mehr als fraglich ist, ob es auch nur Einer Wissenschaft gelingen wird, den Schleier zu lüften, der uns die letzten Ursachen der betreffenden Erscheinungen oder Dinge verbirgt. Ist dies aber richtig, dann dürfen wir auch mit der Nationalökonomie nicht zu streng in's Gericht gehen, wenn auch sie ihrerseits von dem Ideale einer Wissenschaft noch ziemlich weit entfernt ist.

Ich sagte, daß die Nationalökonomie heute noch nicht weit über die ersten Anfänge hinausgekommen sei und daß man von ihr nicht viel mehr sagen könne, als sie sei im Begriffe eine Wissenschaft zu werden, gestatten Sie mir daher diesen Ausspruch zu begründen. Zu diesem Behufe möchte ich mir erlauben, Sie an meine früheren Auseinandersetzungen zu erinnern. Wir haben gesehen, daß die Nationalökonomie zunächst, ähnlich der deskriptiven Anatomie, die Aufgabe hat, die Einheit in der Vielheit des wirthschaftlichen Organismus nachzuweisen, d. h. daß sie zeigen soll, wie die vielen Einzelnwirthschaften, ungeachtet der scheinbaren Zusammenhangslosigkeit dem Einen Zwecke dienen, den Gesammtbedarf der Bevölkerung zu decken, und daß die Nationalökonomie nachweisen soll, welche Rolle den einzelnen wirthschaftlichen Funktionären im Haushalte des ganzen Volkes zufällt. Schon diese Aufgabe mußte die ältere Nationalökonomie nur sehr mangelhaft zu lösen. Die ältere, fast ganz auf dem Boden der Privatwirthschaft stehende Schule hat beispielsweise von dem Unternehmer gehandelt, sie hat aber in ihm nichts anderes gesehen, als einen Mann, der auf offenem Markte zum laufenden Preise die erforderlichen Faktoren der Produktion (Arbeitskräfte, Grundstücke, Werkzeuge und Stoffe) erwirbt, um sie zur Produktion von Gütern zu verwerthen, einen Mann, der dem Arbeiter seinen Lohn, dem Kapitalisten den Zins, dem Grundeigenthümer die Grundrente zahlt, und der den Ueberschuß des Erlöses seiner Produkte, den sog. Unternehmergewinn als „Entgelt für das übernommene Risiko der Produktion" in die Tasche steckt und für sich behält. Es kam ihr jedoch gar nicht in den Sinn darnach zu fragen, welche Rolle denn diesem sog. Unternehmer im Volkshaushalte zufällt. Die ältere National-ökonomie hat in dieser Beziehung ungefähr so gehandelt wie ein Anatom, der seinen Hörern etwa ein Herz zeigen und beschreiben würde, dem es aber gar nicht einfällt darnach zu fragen, welche Aufgabe dieses Herz im animalischen Organismus zu lösen hat, der nichts davon weiß, daß dieses Herz den Blutumlauf zu vermitteln und jedem Theile des Körpers die ernährenden Säfte zuzuführen hat. Erst den Bestrebungen der sozialistischen Schrift-steller ist es zuzuschreiben, daß die heutige Wissenschaft (Rod-bertus, Adolf Wagner, Schäffle und die jüngeren Fachgenossen) zu der Erkenntniß gelangt ist, daß jener Unternehmer etwas mehr ist als ein Mann, der blos ein „Geschäft" machen will; daß jener Unternehmer über die im Volke vorhandenen Produktiv-Kräfte und -Elemente „disponirt"; mit anderen Worten, daß der Unternehmer ein sehr wichtiger und wesentlicher Funktionär im Organismus der heutigen Volkswirthschaft ist, weil er im heutigen Staate dieselbe Funktion ausübt, die in einem kom-munistisch organisirten Gemeinwesen etwa ein besonderes „Ministerium für Volkswirthschaft" zu vollführen hätte.

Die Nationalökonomie soll ferner analog der Physiologie und Pathologie die Gesetze suchen, welche das wirthschaftliche Leben beherrschen. Die ältere Schule, die sich nirgends von der rein privatwirthschaftlichen Auffassung der Dinge zu eman-zipiren vermochte, hat auch nach dieser Richtung hin nichts Be-deutendes geleistet. Sie hat wohl die Bewegung des Zinses, der Grundrente, des Arbeitslohnes und des Unternehmungsgewinnes ꝛc. beobachtet und unterſucht, ſie kam aber über das ſogenannte „Geſetz" von Angebot und Nachfrage und über derartige Aeußerlichkeiten nicht hinaus. Auch hier wieder iſt es den ſozialiſtiſchen Schriftſtellern, ſpeziell Robbertus, zuzuſchreiben, wenn ſeither eine wiſſenſchaftlichere Auffaſſung dieſer Fragen Platz gegriffen hat. Während nämlich die ältere Schule den Zuſammenhang zwiſchen Arbeitslohn, Zins, Grundrente und Unternehmungsgewinn viel zu wenig berückſichtigt und die einzelnen Einkommenszweige — ich möchte ſagen — mechaniſch oder nur äußerlich in's Auge gefaßt hat, geht Robbertus von dem „Nationalprodukt" in ſeiner Totalität aus und unterſucht, wie ſich daſſelbe unter dem Einfluſſe der herrſchenden Einrichtungen und ſtaatlichen Geſetze unter jene vier Gruppen von Perſonen (Arbeiter, Kapitaliſten, Grundbeſitzer und Unternehmer) in der heutigen Volkswirthſchaft vertheilt. Damit ſoll kein befinitives Urtheil über die Robbertus'ſche Darſtellung gefällt ſein, dieſelbe mag zum Theile oder gänzlich verfehlt ſein (ſpeziell könnte ich mich mit der Anſchauung Robbertus', daß das Produkt lediglich das Reſultat der Thätigkeit der eigentlichen „Arbeiter" ſei, nicht einverſtanden erklären), allein damit iſt doch wenigſtens Eines gewonnen, d. i. die mehr wiſſenſchaftliche Auffaſſung der Frage, die Erkenntniß des Zuſammenhanges (der Einheit in der Vielheit) der verſchiedenen Einkommenszweige.

Was ſodann die Erforſchung der Geſchichte der Volkswirthſchaft anbelangt, ſo hat zwar die neuere Wiſſenſchaft ganz eminente Leiſtungen auf dieſem Gebiete aufzuweiſen, insbeſondere möchte ich in dieſer Beziehung an die Arbeiten der Schmoller'ſchen Schule, an Inama=Sternegg u. A. erinnern, indeſſen ſind dieſe Beſtrebungen noch viel zu jungen Datums und konnten demgemäß noch kein umfaſſendes Material zu Tage fördern, ſo daß wir allerdings heute von einer vollſtändigen und genauen Kenntniß der Gründe, welche den Entwicklungsgang der Volkswirthſchaft beeinflußt haben, noch ſehr weit entfernt ſind.

Unter solchen Umständen ist es erklärlich, daß unsere Kenntniß der „Gesetze", und zwar sowohl derjenigen, welche das wirthschaftliche Leben beherrschen, als der Gesetze, denen der historische Entwicklungsgang der Volkswirthschaft unterworfen ist, eine mehr als lückenhafte ist. Andererseits dürfen wir jedoch nicht übersehen, daß in dieser Beziehung die Nationalökonomie ebenso wie die Geschichtswissenschaft unter allen Wissenschaften sich in der denkbar ungünstigsten Lage befindet. Beide Wissenschaften sollen die Gesetze auffinden, denen einerseits das Handeln der Menschen (und zwar das wirthschaftliche und das politische Handeln der Menschen) und andererseits der Entwicklungsgang (und zwar der Wirthschaft sowie der Kultur im Allgemeinen) des Menschengeschlechtes unterworfen ist. Beide Wissenschaften kämpfen jedoch mit der ungeheueren Schwierigkeit, daß sie — ich möchte sagen — kein festes, sondern ein weiches und nachgiebiges Material unter den Händen haben.

Die Frage nach den Gesetzen, welche irgend ein bestimmtes Gebiet beherrschen, ist nämlich — wie ich schon früher erwähnte — nichts anderes als die Frage: „Wie reagirt dieses Ding auf eine bestimmte äußere Einwirkung?" Und in dieser Beziehung verhalten sich die einzelnen Objekte bekanntlich außerordentlich verschieden.

Die sogenannten anorganischen Körper sind in dieser Beziehung in gewissem Sinne die unempfindlichsten und regelmäßigsten, wenigstens soweit unsere Erfahrungen reichen. Das Eisen bleibt Eisen, ob wir es nun an den Pol oder unter den Aequator, ob wir es in den Schacht des tiefsten Bergwerkes oder auf den Gipfel des Chimborasso bringen. (Damit soll allerdings nicht gesagt sein, daß das Eisen unter allen Verhältnissen und Umständen immer Eisen bleiben müsse. Denkbar wenigstens ist es, daß das Eisen nur eine bestimmte Form der Urmaterie ist, die diese unter dem Einflusse der thatsächlichen kosmischen Verhältnisse angenommen hat, eine Form, die wir bisher nicht zu ändern vermochten). Es mag ferner das Eisen da oder dort beispielsweise mit verdünnter Schwefelsäure übergossen werden, so wird das Resultat jedesmal das nämliche bleiben, es wird sich das Eisen mit dem Schwefel und dem Sauerstoff der Säure zu schwefelsaurem Eisenoxyd verbinden, während der Wasserstoff frei wird. Mit einem Worte: hier liegen die Dinge verhältnißmäßig einfach, es ist daher verhältnißmäßig leicht die Gesetze zu ergründen, denen die sogenannten anorganischen Körper unterworfen sind.

Weit schwieriger schon ist es die Gesetze zu erforschen, welche das Leben der Organismen beherrschen. Zunächst sind die Organismen außerordentlich empfindlich. Dieselbe Pflanze, oder das nämliche Thier wird sich sehr verschieden entwickeln und schon nach wenigen Generationen wesentlich verschiedene Formen annehmen, je nachdem es nach dem Norden oder nach dem Süden, in ein trockenes oder feuchtes Klima versetzt wird. Ferner reagiren die einzelnen Organismen auf die nämliche Einwirkung häufig sehr verschieden. Dieselbe Dosis eines Medikamentes an drei an der nämlichen Krankheit leidende Patienten verabreicht, kann unter Umständen sehr verschiedene Erfolge erzielen, sie kann das eine Individuum seiner Genesung entgegenführen, dem Zweiten wenig oder gar nichts helfen, das dritte Individuum möglicher Weise umbringen. Ich bin sehr gern bereit zuzugeben, daß diese ungleiche Reaktion nur eine scheinbare ist, weil wir die Zusammensetzung oder die innere Beschaffenheit der Organismen nicht genau kennen und nicht leicht ermitteln können, allein hierin liegt eben die Schwierigkeit. Wir sehen, daß die Organismen auf die nämliche Einwirkung sehr ungleich reagiren, wir sind — wenigstens bisher — nicht im Stande die Gründe dieser ungleichen Reaktion genau und vollständig zu eruiren, es fällt uns daher ungeheuer schwer die Gesetze zu finden, denen die Organismen unterworfen sind, d. h. wir sind heute noch nicht in der Lage in allen Fällen mit apodiktischer Gewißheit sagen zu können: "wenn Dies oder Jenes geschieht, so muß sich dieser Organismus so oder so verhalten".

Alle diese Schwierigkeiten sind jedoch ein wahres Kinderspiel gegenüber den Schwierigkeiten, die sich ergeben, wenn man es mit denkenden Menschen zu thun hat und die Gesetze erforschen soll, denen die geistige Entwickelung unterliegt. Der Arzt z. B. weiß, daß der Organismus, wenigstens in der Regel, auf dasselbe Medikament in der nämlichen Weise reagirt, für ihn kann somit in den meisten Fällen nur die Dosis in Frage kommen, die er seinem Patienten verabreichen soll. Wie aber verhält es sich mit der sogenannten psychischen oder geistigen Reaktion? Betrachten wir z. B. vier verschiedene Personen, die in Noth und Elend gerathen. Der Eine wird durch die Noth zur größten Energie und Anspannung seiner Kräfte angespornt und es gelingt ihm sein Mißgeschick zu überwinden. Der Zweite wird in dumpfes Dahinbrüten versinken, der Dritte wird stehlen oder betrügen, der Vierte wird zum Selbstmord getrieben. Und nicht nur die Individuen, auch ganze Völker verhalten sich gegenüber den gleichen Einwirkungen oft sehr verschieden. In dieser Beziehung möchte ich nur an den gewaltigen Unterschied zwischen uns Oesterreichern und den Franzosen erinnern. Wir Oesterreicher wurden im Kriege von 1866 von den Preußen besiegt, mußten an dieselben eine bedeutende Kriegskontribution zahlen und haben eine schöne Provinz an Italien verloren, kurz es erging uns 1866 fast genau so, wie es Frankreich in den Jahren 1870 und 1871 erging, und doch welch gewaltiger Unterschied! Wir wußten uns, wie es ernst und ruhig denkenden Männern ziemt, in unser Geschick zu fügen und stehen heute unseren ehemaligen Gegnern als aufrichtige und treue Freunde und Bundesgenossen gegenüber, während in Frankreich fast jedes Kind nach "Revanche" lechzt.

Mit einem Worte wir können nie mit Gewißheit in vorhinein angeben, wie irgend ein Umstand auf den Gedankengang eines Menschen oder eines ganzen Volkes einwirken wird. Ja, wären wir im Stande in die geheimnißvolle Werkstätte des menschlichen Denkens und Empfindens einzudringen, wüßten wir, was in den Nerven- und Gehirnzellen vorgeht, wie sie die äußeren Eindrücke verarbeiten und wie dies jenen Vorgang beeinflußt, den wir Denken nennen, dann allerdings wäre es ein Leichtes die Gesetze zu erforschen, denen das sog. geistige Leben des Menschen unterworfen ist. So aber stehen wir draußen, wir wissen nicht, was „drinn", in den Köpfen unserer Mitmenschen vorgeht, wir sehen lediglich ihre Handlungen, d. i. die Resultate jenes Denkprozesses und sollen aus diesen Resultaten den Vorgang erschließen, der sich drinn im Verborgenen abgespielt hat. An sich wäre die Lösung dieser Aufgabe nicht so schwer, die Schwierigkeit liegt aber namentlich darin, daß niemals ein Umstand allein auf den Menschen einwirkt, sondern daß jedesmal die verschiedenartigsten Einflüsse gleichzeitig einwirken und daß es daher ungeheuer schwierig ist zu sagen: diese oder jene Handlung eines Menschen sei das Resultat just dieses oder jenes äußeren Eindruckes, oder umgekehrt zu sagen: dieser Umstand muß so und so auf das Verhalten der Menschen einwirken.

Erlauben Sie, daß ich Ihnen dies durch ein Beispiel illustrire. Nehmen wir an, daß in irgend einem Lande die Biersteuer beispielsweise erhöht werde und legen wir uns die Frage vor, welche Wirkungen die Erhöhung dieser Steuer auf die wirthschaftlichen Verhältnisse dieses Landes ausüben wird. Glauben Sie, daß diese Frage sich in voraus beantworten läßt? Am wahrscheinlichsten allerdings ist es, daß die erhöhte Steuer eine Steigerung der Bierpreise nach sich ziehen wird und daß in Folge dessen der Bierkonsum eine Verringerung erfahren wird, indeß muß diese Folge nicht nothwendig eintreten. Es ist nämlich ebenso gut möglich, daß ungeachtet des gestiegenen Bierpreises der Bierkonsum keine Einschränkung erfährt, weil der Volkswohlstand in der Zwischenzeit gestiegen ist und die Bevölkerung sich den Luxus erlauben darf das theuere Bier in demselben Maße zu konsumiren wie früher das billigere. Es ist ferner möglich, daß die erhöhte Steuer das Bier nicht vertheuert, weil sie die Energie der Bierbrauer weckt und sie veranlaßt den Betrieb zu vervollkommnen und Verbesserungen einzuführen, die sie in den Stand setzen das Bier ungeachtet der erhöhten Steuer ebenso billig herzustellen wie früher. Es ist endlich möglich, daß das Bier nicht im Preise steigt, weil zufällig gleichzeitig die Produktionskosten (die Preise des Malzes, des Hopfens, des Brennmaterials, die Arbeitslöhne ꝛc.) entsprechend gesunken sind.

Sie können, Meine Herren, aus diesem einen Beispiele entnehmen, wie komplizirt sich die Dinge auf volkswirthschaftlichem Gebiete gestalten und wie schwer es ist die Gesetze zu finden, nach denen ein Volk in seinem wirthschaftlichen Handeln auf bestimmte äußere Einwirkungen reagirt, d. h. die Gesetze zu finden, denen das wirthschaftliche Handeln der Menschen unterliegt. Der einzige Weg, der zum Ziele führt, ist die möglichst genaue Beobachtung, allein auch diese ist mit großen Schwierigkeiten verbunden, weil die Beobachtung wohl lehrt, wie ein Mensch gehandelt hat, eine vergangene Handlung aber keinen zuverlässigen Anhaltspunkt dafür bietet, wie dieser Mensch (beziehentlich dieses Volk) das nächste Mal handeln wird. Vergegenwärtigen wir uns nochmals den eben erwähnten Fall und nehmen wir an, daß die erhöhte Biersteuer die Energie der Bierbrauer weckt und sie veranlaßt Verbesserungen im Betriebe einzuführen, so daß die Bierpreise ungeachtet der gestiegenen Steuer nicht in die Höhe gehen: Glauben Sie etwa, daß man aus dieser Thatsache den Schluß ziehen darf, daß die nächste Erhöhung der Steuer die nämliche Wirkung haben und die Bierbrauer wieder veranlassen werde auf Verbesserungen ihres

Betriebes zu finnen? Mir will es scheinen, daß eine derartige Schlußfolgerung mehr als übereilt wäre.

Mit einem Worte, es gehört zu den schwierigsten Aufgaben die Gesetze zu erforschen, denen das sog. geistige Leben des Menschen unterliegt (und die wirthschaftliche Thätigkeit bildet einen Theil dieses geistigen Lebens) und wir dürfen uns daher nicht wundern, wenn die betreffenden Wissenschaften und darunter auch unsere Disziplin von einer Kenntniß dieser Gesetze noch so unendlich weit entfernt sind. Was wir heute in der Nationalökonomie als „Gesetze" bezeichnen, sind — wie Gustav Cohn in seiner Antrittsvorlesung „Ueber die Nationalökonomie und ihre Stellung im Kreise der Wissenschaften" (Berlin, 1869, S. 14) sehr richtig bemerkt — keine Gesetze der Nothwendigkeit, sondern lediglich sog. Gesetze der Wahrscheinlichkeit, d. h. wir nehmen an, daß die Menschen unter diesen oder jenen Umständen „wahrscheinlich" so oder so handeln werden, ob sie aber wirklich so handeln werden, das ist eine Frage, die wir nie mit unbedingter Gewißheit in voraus beantworten können.

Das Ergebniß unserer Untersuchung war allerdings ein theilweise negatives, indem es uns zu dem Resultate geführt hat, daß die heutige Nationalökonomie noch weit davon entfernt ist als eine fertige Wissenschaft gelten zu können. Indeß glaube ich, daß dieses Resultat weit mehr geeignet ist die Energie des Forschers anzuspornen statt sie zu lähmen, denn je weiter unsere Disziplin von ihrem letzten Ziele entfernt ist, um so lohnender scheint mir das Bestreben sie zu fördern und sie ihrem Ziele näher zu rücken.

Und nun, meine Herren, gestatten Sie mir noch mich dem zweiten Theile meiner heutigen Aufgabe zuzuwenden und in Kürze die Frage zu erörtern, welche Stellung die Nationalökonomie im Systeme der Wissenschaften einnimmt.

Man pflegt mitunter die Wissenschaften einzutheilen in die Naturwissenschaften einerseits und die Menschheits- oder Geisteswiſſenſchaften andererſeits. Indeß ſcheint mir eine derartige Eintheilung den ſubjektiven Standpunkt etwas zu ſtark in den Vordergrund zu ſchieben, ſie lauft nämlich darauf hinaus, daß wir die Wiſſenſchaften eintheilen in ſolche, die von Demjenigen handeln, was außer uns vorgeht, und in Wiſſenſchaften, die dasjenige zum Gegenſtande haben, was in uns Menſchen ſich abſpielt. Und eine derartige Eintheilung ſcheint mir das Weſen der Sache eben ſo wenig zu erfaſſen wie die bekannte Eintheilung des Thierreiches in die „nützlichen" und die „ſchädlichen" Thiere, oder wie die Eintheilung der Religionen in die „wahren" und „falſchen", wobei es fraglich bleibt, wer denn kompetent iſt zu entſcheiden, welcher Glaube der richtige, welcher der unrichtige ſein ſoll. Weit richtiger ſcheint es mir zu ſein, wenn man den Eintheilungsgrund nicht dem eigenen „Ich", ſondern der Sache entnimmt.

Die Wiſſenſchaften haben die Aufgabe die verſchiedenen Wiſſensgebiete, d. h. Dasjenige zu erforſchen, was uns wiſſenswürdig erſcheint und demgemäß zerfallen die Wiſſenſchaften je nach den verſchiedenen Forſchungsgebieten, d. i. je nach den Dingen, die wir ergründen wollen, in verſchiedene Gruppen, und die Eintheilung der Dinge, die wir beobachten, ſcheint mir von ſelbſt gegeben. Wir unterſcheiden bekanntlich die ſogenannten anorganiſchen Körper, die ſogenannten Organismen und das ſogenannte pſychiſche oder geiſtige Leben. Demgemäß würde ich die verſchiedenen Disziplinen eintheilen:

1. in die Wiſſenſchaften, welche die ſogenannten anorganiſchen Körper oder die anorganiſche Natur zum Gegenſtand haben,
2. in die Wiſſenſchaften, welche die ſogenannten Organismen behandeln, und
3. in die Wiſſenſchaften von dem ſogenannten pſychiſchen oder geiſtigen Leben, und zwar gleichgültig ob ſich es hiebei um das pſychiſche Leben der Thiere oder der

Menschen handelt. Will man dann die ersten beiden Gruppen als Naturwissenschaften im engeren Sinne zusammenfassen, so ist dagegen wohl nicht viel einzuwenden, nur muß man sich dabei stets gegenwärtig halten, daß auch das sogenannte psychische oder geistige Leben ein Vorgang ist, der sich in der Natur abspielt, und daß auch die Disziplinen, die dieses Gebiet zu ergründen streben, zu den Naturwissenschaften im weiteren Sinne des Wortes gehören.

Demgemäß würden zu der ersten Gruppe der Wissenschaften gehören: die Geologie, die Astronomie, die Chemie, die Physik die Mineralogie, die Meteorologie ic. Der zweiten Gruppe wären zuzuweisen die Botanik, die Zoologie und diejenigen Disziplinen, welche heute den Inbegriff des medizinischen Studiums bilden, in so fern sie eben als „Wissenschaft" und nicht als „Kunst" anzusehen sind. In die dritte Gruppe endlich fallen diejenigen Wissenschaften, welche das geistige Leben des Individuums oder der Gesellschaft zum Gegenstande haben. Zu den ersteren würde ich rechnen: die Logik als die Wissenschaft von den Gesetzen unseres Denkens im Allgemeinen, die Mathematik als die Wissenschaft von den Gesetzen, denen diejenige besondere Denkthätigkeit unterliegt, welche wir „zählen" beziehntlich „messen" nennen, endlich die Psychologie, falls diese Disziplin nicht etwa der Domäne des Physiologen zuzuweisen wäre. Die Gesellschaftswissenschaften andererseits umfassen meines Erachtens: die Geschichte, und zwar die politische wie die Kulturgeschichte, die Sprachwissenschaften, die Kunstwissenschaften (Kunstgeschichte, Aesthetik, Technologie), die Ethik (nach Ihering's geistvoller Auseinandersetzung), die Religionswissenschaft, die Rechts- und Staatswissenschaften, die — heute allerdings noch ziemlich nebulose — Soziologie u. dergl. m.

Was speziell die Nationalökonomie anbelangt, so gehört dieselbe bekanntlich zu den Rechts- und Staatswissenschaften, und ist damit ihre Stellung im Systeme der Wissenschaften genügend präzisirt. Wenn ich mir trotzdem erlaube, Ihre Geduld noch für einige Minuten in Anspruch zu nehmen, so geschieht es, weil ich noch einige Worte über das Verhältniß der Nationalökonomie einerseits zur Jurisprudenz und andererseits zur Statistik hinzuzufügen hätte..

Das Verhältniß der Nationalökonomie zur Rechtswissenschaft scheint mir ein zweiseitiges zu sein. Auf der einen Seite wird der gesammte Charakter einer gegebenen Volkswirthschaft durch die bestehende positive Gesetzgebung des betreffenden Staates wesentlich beeinflußt, und möchte ich in dieser Beziehung an die geistreichen Auseinandersetzungen von Robbertus über die Vertheilung des Nationalproduktes zwischen den Arbeitern und den Kapitalisten, Grundbesitzern und Unternehmern in Folge der bestehenden Institution des privaten Eigenthums erinnern. Demgemäß hat denn die Wissenschaft der Nationalökonomie die Aufgabe diesen Einfluß der positiven Gesetzgebung auf die Gestaltung der betreffenden Volkswirthschaft nachzuweisen. Umgekehrt darf man aber bis zu einem gewissen Grade sagen, daß die herrschende Rechtsgesetzgebung ein Produkt der thatsächlich bestehenden wirthschaftlichen Verhältnisse und Bedürfnisse ist, d. h., daß die herrschende Rechtsordnung lediglich diejenige Ordnung gesetzlich sanktionirt, welche sich durch die wirklich vorhandenen wirthschaftlichen Bedürfnisse und Verhältnisse im Volke von selbst herausgebildet hat. — Was ist beispielsweise unser geltendes Handelsgesetzbuch Anderes als die gesetzliche Sanktion derjenigen Usancen, die der Handelsstand von selbst erzeugt hat? Es ist daher andererseits auch wieder die Aufgabe der Nationalökonomie, speziell der Wirthschaftsgeschichte, die Ursachen zu zeigen, warum die Wirtschaftsgesetzgebung bei den verschiedenen Völkern im Laufe der Zeit just diese und keine anderen Formen angenommen hat. — Beiläufig bemerkt, ein

Gebiet, auf dem noch bei Weitem mehr zu leisten ist als bisher geleistet wurde.

Was endlich das Verhältniß der Nationalökonomie zur Statistik betrifft, so unterliegt es keinem Zweifel, daß diese letztere Disciplin — ich meine jene Statistik, die es mit der Vergleichung der Zahlen zu thun hat, jene Disziplin, die man häufig als „Methode statistischer Forschung" u. dergl. bezeichnet — eine der wesentlichsten Hilfsdisziplinen der Nationalökonomie bildet. Ich habe vorhin bemerkt, daß der einzige Weg, um die Gesetze des wirthschaftlichen Handelns der Menschen zu ergründen, die Massenbeobachtung ist, und Massenbeobachtung ist Statistik in diesem Sinne. Allein als eine Wissenschaft kann ich mit Ingram („Die nothwendige Reform der Volkswirthschaft", deutsch von Scheel, Jena 1879, S. 33) diese Art der Statistik nicht anerkennen, weil kein einziges jener Merkmale, die ich in die Definition der Wissenschaft aufnehmen zu sollen glaubte, für dieselbe zutrifft. Die Statistik in diesem Sinne befaßt sich damit die Daten oder Zahlen gewisser Vorkommnisse zusammen zu stellen und aus den Schwankungen in diesen Ziffernreihen die Ursachen zu ermitteln, die diesen Veränderungen zu Grunde liegen. Das aber ist keine Wissenschaft, sondern eine „Kunst", und zwar die Kunst jene Ziffern zu lesen und sie richtig zu deuten, ebenso wie es eine Kunst ist den Plan eines Hauses oder eine sonstige technische Zeichnung richtig zu verstehen und darnach den betreffenden Gegenstand — sei dieser nun ein Haus oder eine Maschine — genau auszuführen und herzustellen.

Und daß die Statistik in diesem Sinne wirklich keine Wissenschaft, sondern eine Kunst ist, geht schon aus der Thatsache hervor, daß dieselbe Art der „statistischen Forschung" in den heterogensten Wissenschaften Anwendung findet. Wollen wir beispielsweise die Gesetze des Witterungswechsels erforschen, so haben wir keinen anderen Weg hiezu, als die Massenbeobachtung über die Luftströmungen, den Barometerstand, die Temperatur der Luft, die Menge der Niederschläge, den Grad der Umwölkung des Himmels und dergl. Das Alles berechtigt uns aber noch nicht von einer „Wissenschaft" der Wetterstatistik zu sprechen. Die Wissenschaft, welche die Gesetze des Witterungswechsels zu erforschen trachtet, heißt vielmehr „Meteorologie" und sie bedient sich der „Methode" der statistischen Forschung um aus den Schwankungen in den verschiedenen Ziffernkolonnen möglicher Weise einige Anhaltspunkte dafür zu gewinnen, ob nicht etwa ein gewisser Zusammenhang beispielsweise zwischen den Windströmungen und den Regenmengen oder dergl. vorliegt. Und wenn etwa der Physiolog die Ursache (Gesetze) der Knaben- und Mädchengeburten zu ermitteln bemüht ist und wenn er zu diesem Behufe statistische Beobachtungen über das Geschlecht der Neugeborenen einerseits und der Altersverhältnisse der Eltern andererseits und dergl. anstellt um jenem geheimnißvollem Walten der Naturkräfte auf die Spur zu kommen, so sind wir auch wieder nicht berechtigt von einer „Wissenschaft" der Geburtenstatistik oder der Bevölkerungsstatistik und dergl. zu sprechen, sondern die fragliche Wissenschaft heißt „Physiologie", die sich dieses Mal des Mittels der statistischen Forschung bedient hat, ebenso wie sie sich ein anderes Mal der Auskultation und Perkussion oder des Mikroskops bedient. Mit einem Worte, die Statistik, die sich mit der Vergleichung der Zahlen befaßt, ist keine Wissenschaft, sondern eine für sich bestehende Kunst, die sich in den Dienst der verschiedenartigsten Wissenschaften stellt, ebenso wie die Photographie nicht aufhört eine Kunst zu sein, wenn sie sich beispielsweise in den Dienst der Strafgerichtspflege, oder der Astronomie oder der medizinischen Wissenschaften und dergl. stellt.

Ich wiederhole, meine Herren, was ich bereits früher erwähnte: Damit soll durchaus nicht gesagt sein, daß die Statistik, weil sie eine Kunst ist, weniger Werth habe als irgend eine

Wissenschaft, oder daß sie als Kunst nicht in den Kreis derjenigen Disziplinen gehöre, die an den Universitäten gelehrt werden sollen. Die Universitäten — wie beispielsweise die Stiftungsurkunde unserer Hochschule ausdrücklich verfügt — sind Pflegestätten der „Wissenschaften und Künste" und wollten Sie die Statistik, weil sie keine Wissenschaft, sondern eine Kunst ist, aus dem Lehrplane der Universitäten streichen, so müßten Sie aus dem nämlichen Grunde eine Reihe der medizinischen Disziplinen gleichfalls aus den Hörsälen der Universitäten verbannen, denn Alles in der Medizin, was auf die Behandlung der Kranken abzielt, ist keine Wissenschaft mehr, sondern Kunst.

Ich habe nicht ohne Absicht und guten Grund gerade dieses Thema zum Gegenstande meiner heutigen, allerdings nur kurzen und flüchtigen Erörterung gemacht, weil ich speziell, Sie, meine jungen Freunde, darauf aufmerksam machen wollte, daß Ihnen hier an der Hochschule nicht eine bestimmte Summe fertiger Kenntnisse geboten wird, die Sie sich lediglich anzueignen brauchen, um sodann als gerüstete Kämpfer hinaus zu treten in's praktische Leben. Nein, Sie sollen wissen, daß die Wissenschaften heute noch sehr, sehr weit von ihrem letzten Ziele entfernt sind, daß bis dahin noch ein weiter dornenvoller Weg zurück zu legen ist. Sie sollen wissen, meine Herren, ·daß Sie die Universität nicht beziehen als blos passive Mitglieder, die lediglich aufzunehmen haben, was ihnen hier fertig geboten wird; Sie sollen vielmehr lernen mitzuarbeiten an der Aufgabe, die wir — Ihre Lehrer — uns gestellt haben, an der Erforschung der Wahrheit. Diese Aufgabe endet für Sie nicht an dem Tage, da Sie die Universität verlassen. Sie dürfen, wenn Sie bereinst hinaustreten in's praktische Leben, sei es als Priester, sei es als praktische Juristen, sei es als Lehrer der Jugend sich nicht hingeben dem selbstgenügsamen Behagen an dem, was Sie hier erworben haben. Wer nicht vorwärts schreitet — dessen bitte ich Sie eingedenk zu sein in Ihrem ferneren Leben — der geht zurück

und nur, wenn Sie unabläſſig bemüht ſein werden, weiter zu forſchen und den Kreis Ihrer Kenntniſſe immer weiter und weiter auszudehnen, wird es Ihnen gelingen zu wirken: zum Ruhme der Univerſität, aus der Sie hervorgegangen, zum Heile des Staates, dem wir angehören, zur Ehre des erlauchten Stifters unſerer Alma mater, deſſen Namenstag wir heute feſtlich begehen. —
Das walte Gott!

Anmerkung der Verlagshandlung.

Ausnahmsweiſe iſt dieſe Rede ſo wie ſie gehalten wurde, mit allen directen Anreden ꝛc. wiedergegeben, weil der Herr Verfaſſer dies zur Bedingung gemacht hatte und dieſer Beitrag ſonſt der Sammlung entgangen wäre.

Druck von Gebr. Unger (Th. Grimm) in Berlin, Schönebergerſtr. 17 a.

www.ingramcontent.com/pod-product-compliance
Lightning Source LLC
Chambersburg PA
CBHW020109170426
43199CB00009B/456